.SCHMITT 1004

ŒUVRES COMPLÈTES

DE

SIR WALTER SCOTT.

Traduction Nouvelle.

PARIS,

CHARLES GOSSELIN ET **A. SAUTELET ET C°**

LIBRAIRES-ÉDITEURS.

M DCCC XXVII.

ŒUVRES COMPLÈTES

DE

SIR WALTER SCOTT.

TOME HUITIÈME.

IMPRIMERIE DE H. FOURNIER,
RUE DE SEINE, N° 14.

LE
LORD DES ILES.

POËME EN SIX CHANTS.

(The Lord of the Isles.)

AVERTISSEMENT.

La scène de ce poëme est d'abord au château d'Artornish, sur les côtes du comté d'Argyle; ensuite dans les îles de Skie et d'Arran, sur la côte du comté d'Ayr, et enfin, près de Stirling.

L'action commence au printemps de l'année 1307, époque où Bruce, qui avait été chassé de l'Écosse par les Anglais, revient de l'île de Rachrin, sur la côte d'Irlande, pour réclamer ses droits. La plupart des personnages et des incidens sont historiques; les autorités du poète sont surtout lord Hailes, qu'on pourrait appeler le restaurateur de l'histoire écossaise, comme Bruce le fut de la monarchie; et l'archidiacre Barbour, à qui l'on doit l'histoire en vers de Robert Bruce, dont une édition correcte paraîtra bientôt, par les soins de mon savant ami le révérend docteur Jamieson.

Abbotsford, 10 décembre 1814.

LE
LORD DES ILES.

CHANT PREMIER.

L'automne fuit ; mais son manteau de feuillage repose encore sur les bosquets du noble Somerville : un voile de pourpre parsemé d'or se déploie sur la Tweed et sur les ruisseaux tributaires de son onde. La voix de l'aquilon, celle du torrent retentissent au loin ; cependant on saisit encore quelques sons mourans de l'harmonie des forêts. C'est le ramier qui soupire, c'est l'aigre cri du rouge-gorge. Le soleil, en se couchant derrière les montagnes boisées de l'Ettrick, nous offre encore quelques teintes des riches couleurs de l'été.

L'automne a fui ; les chants rustiques des plaines de

Gala ne viennent plus réjouir nos rivages. Les chœurs joyeux ne se mêlent plus au murmure des ruisseaux et à la brise légère. Les dernières acclamations viennent de finir. Le chariot bruyant repose sous un toit de chaume. Tout est silencieux sur le coteau désert : on ne voit plus que quelques vieillards courbés sous le poids des années, qui, suivant de loin le cortège de l'automne, vont çà et là glanant les épis oubliés.

Vous à qui ces tableaux moins brillans offrent encore des charmes, aimez-vous à parcourir les domaines flétris de l'automne, aimez-vous à voir la bruyère desséchée sur la colline, à écouter l'harmonie expirante des bois? Aimez-vous à voir la feuille rougir et se faner sur sa tige, aimez-vous à admirer les derniers feux du soleil sur la cime des monts, à suivre des yeux le glaneur dans les champs déserts, et à moraliser sur les plaisirs et les peines de la vie. Ah! si vous aimez de pareilles scènes, ne dédaignez pas le chant du ménestrel.

Non, ne le dédaignez point. Je l'avoue, les roucoulemens du ramier sont préférables à ces accords sans art; les beautés de ses chants sont plus pâles que la teinte douteuse du soleil couchant sur un ciel nébuleux d'automne, et plus rares que ces feuilles desséchées qui frémissent au souffle des vents, lorsque novembre a fait résonner son cor; mais ne méprisez pas ses travaux : glâneur solitaire, il parcourt des champs où des bardes plus heureux ont cueilli jadis d'abondantes moissons.

Vous n'entendrez pas sans intérêt une simple histoire

des jours de gloire d'Albyn. Dans ces contrées éloignées que méprise l'habitant du Sud, il reste encore quelques fragmens de l'ancien récit. Quand les derniers rayons du soleil pâlissent derrière les sommets de Coolin, ces antiques traditions servent au prophète de Skye à abréger les heures du soir. On les connaît aussi dans les déserts de Reay, à Harries et dans les temples d'Ionie, où reposent les nobles Chefs des Iles.

I.

— Éveille-toi, fille de Lorn! chantaient les ménestrels; et ces accens retentissaient sous tes antiques salles, ô Artornish! La mer qui baigne tes murs ne poussait plus sur le rivage que des vagues paisibles, comme pour marier son harmonie à ces concerts; les vents se taisaient sur les sommets d'Inninmore et dans les bosquets du rivage de Loch-Alline, comme si les bois et les vagues eussent aimé à écouter les bardes. Jamais l'écho des montagnes ne répéta des accords aussi doux. L'Écosse, les îles de Ross, d'Arran, d'Ilay et d'Argyle avaient réuni leurs ménestrels pour célébrer ce jour de fête. Honte éternelle au barde qui ne répondit point à l'appel de ce jour, insensible à l'espérance de la gloire et du sourire des dames, le plus noble but de ses vers! Honte éternelle au barde qui resta muet dans le château d'Artornish!

II.

— Éveille-toi, fille de Lorn! répétaient les ménestrels: éveille-toi! c'est à nous qu'il appartient de bannir le sommeil de la couche de la beauté: tout reconnaît notre pouvoir; les airs, la terre, l'Océan. Dans Lettermore, le cerf timide s'arrête pour entendre le son de nos harpes; le veau marin de Heiskar suit la barque qui porte le ménestrel; on a vu l'aigle orgueilleux l'écouter du haut d'un nuage sur le Ben-Cailliach. Que la jeune fiancée daigne se montrer sensible à nos chants! Edith de Lorn, éveille-toi au son de nos harpes!

III.

— Éveille-toi! la campagne est couverte des perles de l'aurore. La nature offre des charmes dignes de le disputer aux tiens. Elle excite la grive à faire entendre ses chants pour lutter contre la douceur de ta voix. L'éclat dont elle orna la violette rivalise avec l'azur de tes beaux yeux. O Edith ! éveille-toi, et nous verrons alors si tout ce qu'il y a de touchant et de beau dans la nature ne s'efface pas devant tes charmes.

— Elle ne paraît point, s'écrie le vieux Ferrand ; amis, essayons un mode plus tendre, une mélodie plus douce, qui se marie mieux aux songes de la beauté, et réveille dans son cœur l'espérance qu'elle cherche et qu'elle craint d'avouer. Il dit, et des sons plus doux et plus tendres s'échappent des cordes de la harpe. C'est un chant d'amour que Ferrand ordonna de commencer.

IV.

— Éveille-toi, fille de Lorn ! elles s'enfuient ces heures où l'on peut te donner encore le nom de vierge ; éveille-toi ! éveille-toi ! La voici cette heure où l'amour va recevoir tes sermens et ta foi. Par cette pudeur qui soulève ton sein, par l'espérance qui charmera bientôt tes craintes, brise les liens du sommeil, réveille-toi à l'appel de l'amour.

— Éveille-toi, Edith, éveille-toi. Je vois près du rivage des barques couvertes de pavillons, le joyeux pibroch se fait entendre ; des banderolles de soie se déroulent dans l'air ; quel est celui dont le pibroch chante des louanges ? à quel preux appartient ce cimier tissu sur ces bannières ? le ménestrel n'ose le dire : c'est à l'amour de deviner cette devise.

V.

Retirée au milieu de ses suivantes, Edith avait entendu ces chants ; mais son indifférence eût humilié le ménestrel qui en aurait été le témoin ; ses joues ne brillèrent point de cette rougeur que la flatterie fait naître; les plus tendres accords ne purent lui arracher un soupir. C'était vainement que les suivantes avaient disputé d'adresse pour parer cette jeune fiancée. Cathleen d'Ulne, c'est toi qui tressas ses longs cheveux noirs; la jeune Eva, en se baissant avec grace, chaussait ses pieds légers de la mule de soie, pendant que la belle Bertha en entourait les contours gracieux d'un rang de perles du Lochryan qui leur cédaient en blancheur. Mais c'était Einion qui, plus âgée et plus habile, avait rempli la tâche de fixer avec art son manteau, afin qu'il dessinât les formes qu'il semblait cacher; les franges d'or qui bordaient ses larges plis de pourpre descendaient jusqu'à terre.

VI.

Existe-t-il une jeune fille qui, parée de tous les atours, dans tout l'éclat de ses charmes, à l'approche du triomphe de l'amour, à l'heure de l'hymen, soit assez indifférente pour voir la glace fidèle répéter son image sans trahir par la moindre altération de ses traits la secrète satisfaction de son cœur!... Tout ce que le ménestrel peut dire, c'est qu'il en fut une dans l'île de la Bretagne le jour où la belle Edith de Lorn ne daigna pas sourire à la pensée de son hymen.

VII.

Morag, à qui le baron de Lorn avait confié le soin de nourrir Edith, et qui voyait sa tendresse payée par le retour d'une tendresse filiale (car ce lien, le plus doux de tous, fut toujours sacré dans l'Écosse), Morag, déjà courbée par l'âge, se tenait à l'écart et cherchait à lire dans les traits d'Edith ce qui se passait dans son cœur. En vain les suivantes réclamèrent l'adresse et le zèle de la bonne nourrice; Morag s'aperçut bien que sa fille était indifférente à ces soins comme la belle statue d'une sainte que les vierges du cloître parent à l'envi; elle reconnut que le cœur d'Edith ne prenait aucun plaisir à toute cette pompe; elle l'observa encore quelque temps, puis la serrant sur son sein quand elle fut revêtue du manteau nuptial, elle la conduisit dans une tour solitaire dont le faîte crénelé s'élance dans la nue, et domine, ô sombre Mull! ce détroit profond où des courans contraires mêlent leurs voix mugissantes et séparent tes noires collines du rivage de Morven.

VIII.

— Ma fille, dit-elle, regarde cette mer qui baigne le rivage de deux cents îles depuis Hirt, situé plus au nord, jusqu'au rivage fertile de la verdoyante Ilay; tourne les yeux sur le continent où tant de tours féodales reconnaissent ton vaillant frère pour seigneur suzerain, depuis Mingarry, dont le château s'élève au-dessus des flots et des forêts, jusqu'à Dunstaffnage, qui entend le Connal furieux lutter contre des rochers. Dans toute l'étendue de ces domaines, ton front seul exprime la tristesse, le jour où la fille du noble baron de Lorn donne sa main à l'héritier du puissant Somerled, à ce généreux Ronald, issu d'une race de héros, le beau, le vaillant, le noble lord des Iles, dont mille bardes ont célébré le nom, qui est l'égal des rois, et qui traite de pair avec l'orgueilleux Anglais. Dans le château des grands, dans la chaumière des pauvres, chacun parle de cette heureuse alliance et s'en réjouit. La jeune fille se pare de ses habits de fête, le pâtre allume des feux de joie; c'est pour célébrer ce grand jour que le cor de chasse a retenti, que la cloche a tinté dès le matin. Le saint ministre des autels chante l'hymne de reconnaissance ; il n'est de serf si obscur qui, dans son humble retraite, n'oublie ses chagrins, et libre du travail journalier, ne veuille prendre part aux plaisirs de ce grand jour. Edith seule, la reine de cette fête, Edith est triste quand tous se livrent à la joie.

IX.

A ces paroles, le regard d'Edith s'anime, son dépit étouffe un soupir prêt à s'échapper, et sa main essuie avec précipitation la larme brûlante d'un orgueil offensé.

— Laisse-moi, Morag, va prodiguer les louanges à ces harpistes mercenaires ; vante à ces jeunes filles la pompe et la grandeur. Qu'elles passent des heures à parler des bannières qui se déploient, du cor et de l'airain qui résonnent, des robes brillantes, des riches bijoux ; mais toi, Morag, qui me connais, penses-tu que tous ces frivoles objets puissent toucher un cœur qui sait aimer et qui attend vainement un tendre retour. Non, jamais. Tu auras exprimé en peu de mots tout le malheur d'Édith en disant : — Elle n'est point aimée.

X.

— Ne me le conteste pas. Trop long-temps j'ai essayé d'appeler du nom d'amour ses égards et son respect étudié ; séduite par l'alliance qui me permet de me croire l'épouse destinée à Ronald depuis sa plus tendre enfance ; pendant que son bras combattait pour l'Écosse, mon cœur battait en entendant prononcer son nom, lorsqu'il se trouvait mêlé aux récits de sa gloire comme un doux parfum au vent d'été. Quel pèlerin entra jamais dans ce château sans raconter quelque haut fait du brave Ronald ? quel ménestrel chanta les héros sur sa harpe, sans célébrer ses vertus? Et toi-même, Morag, tu ne racontais jamais rien de glorieux sans terminer ton récit par le nom de Ronald. Il vint... tout ce que j'avais ouï de ses hautes qualités me sembla bien au-dessous d'elles. La renommée avait été froide, timide, injuste pour Ronald et pour moi.

XI.

Depuis lors, quelle pensée Edith a-t-elle jamais conçue qui ne fût une pensée d'amour, et quelle a été ma récompense? De froids délais, des prétextes sans cesse renouvelés pour différer le jour de notre hymen! Il luit enfin ce jour, et Ronald n'est pas ici! Chasse-t-il le cerf agile de Bentalla, ou adresse-t-il dans quelque asile solitaire de tendres adieux à une beauté crédule lui jurant que, s'il ne peut refuser la main de la sœur de Lorn, il viendra la revoir pour ne plus la quitter après la vaine cérémonie de l'hymen?

XII.

— Cesse de tels discours, ma fille; loin de toi ces soupçons injurieux, et pense plus noblement de l'amour de Ronald. Tourne les yeux vers cet antique château, et regarde la flotte qui sort de la baie d'Arros. Vois le mât de chaque galère fléchir sous sa voile qui se déploie, et nous dérobe le rivage bleuâtre comme les blanches nuées d'avril cachent l'azur de l'horizon.

Regarde la première de toutes, dont le mât plie sous le souffle de la brise; elle semble incliner sa bannière pour saluer de loin la fiancée de son prince. Ton époux arrive, et tandis que sa galère, plus rapide que l'ardent coursier, vole sur les flots, il accuse encore la lenteur de sa marche. — La belle Edith rougit, soupira, et répondit avec un sourire mêlé de tristesse :

XIII.

— Pensée flatteuse, mais vaine!... Non, Morag, remarque un emblème plus vrai de son empressement, dans cette barque isolée qui, serrant sa voile et son gouvernail, lutte contre le vent. Dès la pointe du jour, nos yeux inquiets ont cherché à connaître la route qu'elle voudrait suivre. Les promesses de l'aurore l'ont trompée; notre rade offre aux gens de l'équipage un asile contre les vents contraires; cependant ils redoublent d'efforts pour ployer leur voile bruyante, et cherchent à gagner la haute mer comme s'ils craignaient Artornish plus que le vent et les écueils.

XIV.

La jeune fiancée avait dit vrai. Cette barque qu'elle voyait sur la mer luttait contre les flots, et, le flanc penché sur l'onde, errait de rivage en rivage. Un ménestrel aurait pu comparer l'étendue du chemin qu'elle avait parcouru à l'espace que sillonne en un jour le pauvre laboureur. Tels étaient les dangers qu'affrontait le pilote, qu'avant d'avoir viré de bord, le mât de beaupré touchait souvent les vagues soulevées que la mer poussait avec violence sur les grèves; mais l'équipage infatigable manœuvrait sans relâche pour suivre la route qu'il s'était tracée, au lieu de se diriger vers le château d'Artornish, ou de gagner la baie d'Arros.

XV.

Cependant la flotte de lord Ronald s'avançait, secondée par un vent favorable. Des banderolles de soie tissues d'or flottaient sur tous les mâts. Elle portait les plus nobles et les plus vaillans chevaliers des Iles. La mer gronde et bouillonne autour de leur galère, et s'indigne des coups répétés de la rame. Ainsi frémit l'orgueilleux coursier, lorsqu'au jour du combat il bondit sous un vaillant chevalier et mord le frein blanchi de son écume ; mais, dompté dans son courroux, il obéit à la main qui le guide.

On voyait sur tous les tillacs étinceler l'acier des lances, les casques d'or, les cottes de maille et les écharpes brodées. La flotte entra dans le port au milieu du frémissement des vents, et fit entendre une harmonie plus sauvage encore. Les chants de triomphe s'élevèrent au-dessus des épais brouillards qui couvrent les rivages de Saline et de Scallastle. L'écho de Morven s'émut à ces accents, et Duart entendit la vague lointaine gémir dans le sombre détroit de Mull.

XVI.

Ainsi s'avançaient les joyeux matelots. Si quelquefois leurs yeux tombaient sur la barque, jouet des courans, leurs regards exprimaient cette indifférence dédaigneuse dont le riche orgueilleux accable le serf obscur qu'il rencontre sur ses pas poursuivant le cours de ses rudes travaux. S'ils avaient su quel était celui que porte cette barque fragile, ces vaisseaux triomphans ne l'eussent pas laissé passer sans défi. On aurait plutôt vu le loup, que la faim attire dans la plaine, respecter la bergerie sans défense. Et toi, Ronald, qui t'éloignes au milieu des chants des ménestrels, si elle t'était connue celle qui passe auprès de toi, on verrait ton regard étinceler et ton front se couvrir d'une rougeur subite, au lieu de feindre avec tant d'efforts la tendre allégresse d'un époux qui s'approche de sa fiancée.

XVII.

Qu'ils poursuivent leur route... Je ne quitterai point le

malheureux qui gémit, pour suivre ceux qui triomphent. Que la joie accompagne cette flotte brillante; que les bardes embellissent la fête par leurs romances, leurs hymnes et leurs glorieux récits; que les transports bruyans de la gaieté étourdissent le cœur s'ils ne peuvent dissiper les soucis. Le ménestrel va suivre ce léger esquif menacé par les rochers et l'abîme, ses rameurs fatigués qui bravent les périls, et cette jeune fille qui répand des larmes.

XVIII.

L'équipage fit tout le jour des efforts inutiles. Sur le soir, la proximité du lac rendit les courans qu'il avait à remonter plus rapides; entré dans le détroit, l'esquif fut exposé aux vagues qui se croisaient en mugissant. Elles s'élevaient dans les airs, semblables aux débris de lances qui volent en éclats dans un champ de bataille. Les derniers rayons du soir avaient disparu. Le vent du sud gémissait avec plus de force entre les rochers d'Inninmore. La voile était déchirée, le mât chancelant, l'onde entrait par de larges ouvertures. Le pilote tremblant tenait les yeux fixés sur le gouvernail, qu'il abandonnait aux flots.

XIX.

Ce fut alors qu'un guerrier dont la terreur ni la fatigue ne pouvaient abattre le regard calme et altier, s'adressant au pilote, lui dit : — Mon frère, espères-tu pouvoir résister jusqu'à la pointe du jour à la fureur des vagues, et éviter les rochers qui nous entourent; ne sens-tu pas notre barque trembler sous nos pieds? Ses flancs ont gémi au dernier choc de la vague, et cependant quel autre parti prendre? Tu vois près de moi la malheureuse Isabelle à demi morte de frayeur et de

CHANT PREMIER.

besoin. La mer, les rochers, le ciel qui se couvre d'épais nuages, tout nous présente le désespoir et la mort. C'est Isabelle seule qui m'inquiète; car, pour moi, les dangers qui me poursuivent sur la terre et sur la mer ne peuvent m'émouvoir. Je te suivrai partout, soit qu'il faille braver la tempête, nous diriger vers cette tour ennemie, où, en nous jetant au milieu de cette flotte, interrompre sa joie par des cris de guerre, et mourir les armes à la main.

XX.

Son frère lui répondit d'une voix ferme : — C'est souvent dans l'extrême danger que le ciel vient au secours de l'homme. Edward, charge-toi de plier la voile déchirée; moi, je prendrai le gouvernail, et nous pourrons continuer notre route sous le vent; nous éviterons ainsi la baie de l'ouest; la flotte ennemie et un combat trop inégal. Je dirigerai notre barque vers les murs du château; car, s'il reste encore quelque espoir de salut, nous devons le trouver à titre de malheureux battus par la tempête, qui vont, hôtes inviolables, demander un asile. Et si l'hospitalité n'est point respectée,... il convient à notre rang, à notre honneur, à notre courage, de ne mourir que d'une noble main.

XXI.

Alors le gouvernail, dirigé par son robuste bras, fit prendre vent à la voile déployée, et, dans sa nouvelle direction, la galère fendit l'onde en bondissant comme le lévrier qui, libre du lien qui le retenait, s'élance sur sa proie. Les flots sillonnés par la proue rapide brillent des feux factices de l'Océan, éclairs de l'onde amère. Des étincelles jaillissent des vagues divisées, et les flancs du navire sont éclairés d'un reflet magique. Cette pâle lumière jette un éclat effrayant dans les ombres de la nuit. On eût dit que le vieil Océan secouait de son front ces feux bleuâtres, jaloux de ces météores qui traversent l'horizon de la nuit autour du mont Hécla.

XXII.

Des clartés plus sûres guidèrent l'esquif dans les ténèbres. Artornish, qui, du haut de son rocher sourcilleux, paraît suspendu entre les nuages et l'Océan, brillait de mille feux, dont la flamme se répandait au loin sur la terre et sur la mer. La barque se dirigea vers cette lumière propice, mêlée aux pâles rayons de la lune qui commençait à élever son disque au-dessus des monts de l'orient.

XXIII.

Ils furent bientôt en vue du rivage. Des cris de joie souvent répétés se confondaient avec le sombre murmure des vents, avec le bruit des vagues et le sifflement des oiseaux de nuit, qui semblaient le disputer aux concerts de la fête, comme ces chants funéraires qui interrompent soudain ceux de la débauche, ou comme les cris de la bataille entendus par le paysan du haut de ses montagnes, quand la victoire, le désespoir et la mort planent sur la campagne arrosée de sang.

En approchant du rivage ils aperçurent, à travers les brouillards et la tempête, la sombre tour s'élever devant eux, et son ombre se projeter au loin sur l'Océan qui vient battre son rocher. La lueur vacillante de mille torches qui se réfléchissaient dans la mer, semblait se jouer sur son sein; et ces éclairs rapides qui brillaient sur les vagues, rappelaient les vains plaisirs qui, dans cette vallée de larmes, éblouissent un moment et disparaissent aussitôt.

CHANT PREMIER.

XXIV.

Ils vinrent mouiller sous les murs du château, dans une baie paisible. Un passage taillé dans le roc conduisait à la forteresse par un escalier si étroit et si élevé, qu'il aurait suffi d'un seul homme armé d'un simple rameau de chêne pour le défendre contre les lances et les glaives d'un millier de soldats, et pour les renverser dans l'abîme des flots.

Le pilote sonna de son cor : les échos de la tour, des rochers et de la mer lui répondirent. La poterne gémit et roula sur ses gonds, et bientôt le fanal du gouverneur brilla sur les marches glissantes de l'escalier.

— Soyez trois fois le bienvenu, saint père, s'écriat-il; depuis long-temps la pompe nuptiale est prête. Votre retard nous inquiétait, nous craignions que la bise du soir n'eût égaré votre barque.

XXV.

— Gouverneur, répondit le jeune étranger, ton erreur pourrait égayer dans un jour de fête, mais par une nuit obscure comme celle-ci, quand le vent irrité soulève les mers, il sied mal de se permettre de telles plaisanteries ; ce sont des secours que nous demandons, et un lieu de repos pour cette jeune fille. Pour nous, les planches d'un tillac nous paraissent aussi douces que les lits de mousse que caressent les zéphirs du mois de mai. Nous cherchons pour notre navire quelque abri contre les flots; et quand le premier rayon du jour éclairera l'orient, nous reprendrons notre route.

Le gouverneur répondit : — A quel titre demandez-vous l'hospitalité? D'où venez-vous? où vous dirigez-vous ? Erin a-t-il vu sortir de ses ports vos voiles déployées? Sont-ce les vents de la Norwège qui vous amènent? cherchez-vous les plaines fertiles de l'Angleterre, ou les montagnes de l'Écosse?

XXVI.

— Nous sommes des guerriers; enchaînés par un vœu, tel est le seul titre que nous puissions prendre pendant quelque temps. La gloire nous a souri quelquefois dans les tempêtes et dans les combats. Ce peu de mots suffit à une ame généreuse pour nous mériter un asile et un accueil fraternels. Voilà sur quel titre notre demande se fonde. Accordez-nous ce léger bienfait, et notre reconnaissance proclamera votre courtoisie dans les royaumes étrangers. Si vous nous refusez, votre avare demeure sera pour toujours méprisée des ames nobles et fières; le pèlerin l'évitera quand il visitera ces parages.

XXVII.

— Fier étranger, à ta prière, aucune porte ne peut rester fermée, quoique tu parles en roi plutôt qu'en suppliant; le château d'Artornish en ce jour de bonheur est ouvert à tous. Eussiez-vous tiré l'épée contre notre allié le puissant roi d'Angleterre, eussiez-vous revêtu la cotte de maille dans un combat contre le seigneur de Lorn, ou, fugitifs, eussiez-vous erré au milieu des bois avec le féroce chevalier d'Ellerslie, et pris part au combat meurtrier qui vit Comyn tomber sous le poignard de l'homicide Bruce, cette nuit serait encore sacrée pour vous.

Holà! vassaux, que l'on accueille nos hôtes, qu'on leur ouvre la poterne du sombre escalier.

XXVIII.

Alors les deux frères sautèrent à terre. L'équipage fatigué resta dans le navire pour le garder. A la lueur

CHANT PREMIER.

des torches dont la lumière obscurcie de fumée se réfléchissait dans la mer, l'un des chevaliers porta sur le rivage la jeune fille, qui était presque mourante. Sa tête se penchait sur les larges épaules du chevalier, et les tresses de ses cheveux étaient pendantes ; semblables aux guirlandes de la vigne sauvage à laquelle le chêne de la montagne sert d'appui. L'autre chevalier, plus avancé en âge, suivait son frère. Sa main portait une épée dans le fourreau. Peu de bras auraient pu manier une telle arme : les casques les mieux trempés et les boucliers les plus solides ne résistaient point à ses coups.

XXIX.

Ils passent sous la herse relevée et par le guichet fermé avec des barres de fer ; ils suivent une longue voûte flanquée de meurtrières où se placent les archers pour recevoir l'ennemi que la trahison ou la force aurait conduit dans les retranchemens. Mais aujourd'hui chaque poste est désert, les passages sont libres et sans défense. Les étrangers parviennent dans un vaste vestibule où les écuyers et les hommes d'armes, les pages et les valets, célébraient aussi la fête.

XXX.

— Arrêtez-vous ici, leur dit le gouverneur. Je cours instruire notre prince de votre arrivée ; et vous, camarades, cessez d'examiner cette jeune fille et ces étrangers, comme si vous n'aviez jamais vu de femme fatiguée de la mer, une figure mâle et un maintien guerrier.

Malgré ce reproche d'Eachin, les pages et les vassaux ne s'éloignèrent pas. Ils se réunirent en cercle autour des voyageurs, comme des gens à qui la courtoisie n'est pas familière. Mais le bouillant Edward arracha rudement le plaid à carreaux de celui qui s'était le plus approché, et le jeta sur sa sœur pour la dérober aux regards de ces hommes grossiers. Le frère du chevalier, voyant l'Écossais froncer le sourcil en signe de mécontentement, lui adressa ces excuses courtes et sévères :

— Vassal, apprends que le manteau que porte ton seigneur dans ce jour de fête serait encore honoré de couvrir cette jeune fille.

XXXI.

Son langage était fier, mais calme. Son œil brillait de cette dignité imposante, son maintien avait cette noblesse et cette autorité qui commandent le respect aux ames vulgaires. Les signes de tête, les regards, le rire moqueur, tout cessa. Les vassaux reculèrent confus les uns après les autres, comme un troupeau de daims timides. Le sénéchal parut alors. Il avait reçu l'ordre du baron de conduire les étrangers dans la salle du château où l'on allait célébrer le pompeux hymen du prince des Iles avec Edith, sa belle fiancée. A côté d'elle on voyait son vaillant frère et maints chevaliers, la fleur et l'orgueil des terres et des mers de l'ouest.

Lecteur, arrêtons-nous ; si mon récit a su mériter votre indulgence, ne me refusez pas un moment de patience. Le ménestrel reprendra bientôt ses chants.

FIN DU CHANT PREMIER.

LE LORD DES ILES.

CHANT SECOND.

I.

Emplissez les coupes, dressez les tables du festin, qu'on assemble tous ceux qui sont amis des plaisirs, les chevaliers, les dames; que les transports de la joie et les sons de l'harmonie célèbrent la fuite des soucis ; mais ne me demandez pas si le bonheur préside à la fête, si le rire n'est pas un paisible déguisement de la douleur, si ces fronts sereins confirment les sentimens du cœur. Ne soulevez pas le voile enchanté..... Il vous suffit de savoir que dans cette courte vie, il n'est aucun lieu qui préserve des peines, apanage des mortels.

II.

Le choc des verres, les romances des bardes, tous les plaisirs de ces vieux temps fêtaient l'hymen du Chef des Iles; mais son œil troublé jetait un feu sombre, et sur son front, que la pâleur et la rougeur couvraient tour à tour, on voyait des émotions étrangères au bonheur de la fête. Il s'arrêtait par momens; le chant des ménestrels, le récit comique du bouffon, se faisaient vainement entendre à ses côtés; s'ils frappaient son oreille, c'était comme ces sons confus que l'on entend dans les songes. Puis tout à coup il se levait, ranimait la gaieté par sa vivacité, portait de joyeux défis aux convives, excitait les chants des ménestrels; alors, comme il était le plus bruyant, il paraissait aussi le plus gai.

III.

Les convives ne voyaient rien d'extraordinaire dans ces alternatives d'une joie folle et d'une longue rêverie. Ils attribuaient son air distrait à la pensée des doux ravissemens qu'il devait goûter bientôt; et les vifs transports d'une gaieté subite leur semblaient l'expression du bonheur d'un nouvel époux. Ils ne furent pas les seuls à se tromper. L'orgueilleux Lorn lui-même, soupçonneux autant que fier et jaloux de sa noble race, et l'habile chevalier d'Argentine que l'Angleterre avait député en Écosse pour resserrer les nœuds de la ligue des îles occidentales, crurent l'un et l'autre trouver dans l'humeur de Ronald le trouble et les transports d'un amant.

Mais il était un cœur accablé de tristesse, un œil rempli de larmes, qui pénétraient ce mystère, et qui épiaient avec une pénible inquiétude l'humeur inconstante et bizarre de ce nouvel époux.

IV.

Édith l'observait,.... mais elle évitait ses regards. Ronald de son côté évitait ceux de sa fiancée. Enfin leurs yeux se rencontrèrent, et Ronald aurait moins souffert du coup d'une lance ennemie. Il frémit d'abord, puis il fit un effort sur son cœur pour reprendre le rôle pénible auquel il était obligé. Il se leva de table.

— Qu'on emplisse cette large coupe qui appartint jadis au royal Somerled. Que la liqueur pétille sur ses bords ciselés; que les perles dont elle est enrichie, se réfléchissent dans des flots de pourpre; à vous, brave chevalier, mon frère, c'est à vous que je porte cette santé : à l'union glorieuse de nos deux races par les nœuds de cet heureux hymen !

V.

— Faites passer la coupe à la ronde, répondit le seigneur de Lorn; cette santé vient à propos. Le cor nous annonce l'abbé; ce moine est enfin arrivé, après s'être si long-temps fait attendre.

Lord Ronald entendit les sons du cor; et la coupe, qu'il n'avait pas encore approchée de ses lèvres, échappa de ses mains, et roula à ses pieds. Mais lorsque le gouverneur lui eut dit à l'oreille ce qu'avait annoncé le cor, sa gaieté reparut comme le soleil de mai quand il perce à travers un épais nuage. Le prince de deux cents îles bénit un moment de délai, comme un criminel qui attend l'heure de son supplice.

VI.

— Lorn, mon frère, s'écria-t-il à mots précipités, et vous, nobles seigneurs, réjouissez-vous. Pour augmenter le nombre de nos convives, le hasard nous envoie des chevaliers errans qui reviennent des pays lointains, et qui, disent-ils, ont fait preuve de courage sur terre et sur mer. Qu'on leur donne à notre table une place digne de leur rang; dites-leur qu'ils sont les bienvenus.

Alors le sénéchal, portant sa baguette d'argent, se rendit d'un pas grave auprès des étrangers. Il devina facilement quelle place il convenait de leur donner. Bien que la riche fourrure de leur manteau fût déchirée, que leur habit fût usé, et l'or de leurs éperons terni, il y avait dans leur maintien et sur leur visage une grandeur qui commandait tellement le respect, qu'ils paraissaient dignes de la place d'un prince ou du trône d'un roi. Ce fut la place d'honneur que le sénéchal leur assigna.

VII.

Les chevaliers et les dames se parlèrent à l'oreille, et leurs regards jaloux exprimaient leur mécontentement de voir des étrangers, dont le nom même était inconnu, occuper une place si voisine du trône du prince. Mais Owen Erraugt s'écria :

— Sénéchal depuis quarante ans, j'exerce l'honorable fonction de choisir la place des convives dans les salles et dans les palais; le rang, la naissance de chacun d'eux, me sont révélés par son regard, ses manières et son maintien. Ce n'est ni la richesse des habits, ni la broderie des ceintures, qui décident de mon choix; et je parierais ma baguette d'argent contre une branche de chêne, que ces inconnus ont souvent occupé des places plus honorables encore que celle qu'on leur a donnée.

VIII.

— Et moi aussi, reprit le vieux Ferrand, la science des ménestrels me permet de bien juger des places et des rangs. Remarquez, mes amis, le plus jeune de ces deux étrangers; voyez quelle vivacité dans son regard, que de grace, que de fierté ! Des éclairs ont jailli de ses yeux quand il s'est avancé au milieu de cette foule de chevaliers, comme pour chercher les plus nobles, étant accoutumé à ne s'arrêter qu'avec ses pairs. Et cependant je suis encore plus étonné en voyant avec quel front calme et majestueux l'autre a examiné les convives. Il ressemble à un être d'une nature supérieure, qui, dans son ame impartiale, voit du même œil la différence des rangs et l'éclat des grandeurs. Et cette jeune fille aussi, quoique étroitement enveloppée dans un manteau qui cache sa figure et ses yeux, elle ne peut nous dérober sa grace et la belle proportion de ses formes.

IX.

Le front du baron de Lorn exprimait des soupçons et un orgueilleux mépris. Il regarda les étrangers d'un air sombre, et murmura quelques mots qu'Argentine seul entendit. Puis il leur demanda à haute voix et en peu de mots si, dans leurs voyages, ils n'avaient pas ouï parler de ces rebelles écossais réfugiés dans Rath-Erin avec le chef proscrit de Carrick; si ces rebelles habiteraient encore après l'hiver le rivage d'Ulster, ou si, remontés dans leurs galères, ils reviendraient ravager leur patrie.

X.

Le plus jeune des étrangers, fier et bouillant, jeta les yeux sur le baron de Lorn, et lui répondit avec le même dédain :

— Nous n'avons rien à dire des rebelles. Mais si tu veux parler du roi Bruce, je t'avertis qu'il a juré qu'avant neuf jours les vents de l'Écosse feront flotter sa bannière, en dépit de tous ses ennemis, quels qu'ils soient; malgré les Anglais armés de lances et d'arcs; malgré Allaster de Lorn! —

La colère du baron s'enflamma à ces mots. Ronald apaisa sa fureur naissante : — Mon frère, il vaut mieux passer la nuit à écouter les chansons de Ferrand, que de rallumer, au milieu d'un festin, les haines qu'engendra cette malheureuse guerre.

— Je suis satisfait, dit Lorn; et il prit à part Ferrand, le chef des ménestrels. Puis il dit tout bas à Argentine :

— Si je ne me trompe, la ballade que j'ai demandée doit blesser le cœur altier de ces vaillans étrangers. Il se tut, et le silence régna jusqu'à ce que le ménestrel eût commencé en ces termes :

L'AGRAFE DE LORN.

XI.

— Quelle est cette agrafe d'or qui réunit les plis du manteau de Lorn? Elle est travaillée avec un goût exquis; des perles d'un grand prix la décorent, et brillent sur ses tartans bariolés, comme on voit sous l'arc-en-ciel, à la fin du jour, l'étoile du nord jeter au loin des éclairs interrompus.

— Bijou précieux et inconnu sur les montagnes de l'Écosse, es-tu un don de la fée des fontaines? est-ce la naïade des mers qui te polit dans sa grotte de corail, ou le nain d'Irlande qui travailla ton métal de ses propres mains? ou bien, si tu fus l'œuvre des hommes, serais-tu le gage de l'amitié de l'Angleterre ou des craintes de la France.

CHANT SECOND.

XII.

CONTINUATION DE LA BALLADE.

— Mais non, ta beauté n'atteste ni l'art des étrangers ni le pouvoir magique des fées : tu fus destinée à un monarque; lorsque le présomptueux Bruce couvrit d'un manteau royal son sein nourri de haine et d'orgueil, tu lui fus arrachée par la main victorieuse de Lorn.

— Quand cette agrafe devint le prix de la valeur, les cris de guerre retentirent au loin; la forêt de Bendourish gémit; les rochers de Douchart répondirent à ce gémissement; le daim s'enfuit du sauvage Teyndrum, et le meurtrier vaincu s'échappa, couvert de blessures, accablé de honte et de douleur, et laissant dans sa fuite ce gage glorieux de la victoire de Lorn.

XIII.

FIN DE LA BALLADE.

—Ainsi donc l'épée de Douglas, le bras de Campbell si vanté, le fer que le féroce Kirkpatrick employait au facile métier d'assassin, tout fut inutile. Barendown et le courageux Delahaie s'enfuirent au loin, quand cette agrafe rayonna sur le manteau de Lorn triomphant.

— Son ancien maître a abandonné ses soldats aux bûchers, aux bourreaux, au fer sanglant de nos montagnards, aux gibets, à la hache et aux supplices de l'Angleterre. Qu'il erre de rivage en rivage, poursuivi par l'ombre vengeresse de Comyn : ses dépouilles serviront long-temps de trophée au baron de Lorn. —

XIV.

Comme le tigre, dont les yeux étincellent lorsque, environné d'arcs et de piques, il choisit celui des chasseurs dont il veut faire sa proie, tel Edward regardait tour à tour le barde et le baron. Il saisit son épée; mais son frère lui dit d'un air sévère: — Arrête; es-tu si peu maître de toi, après tant d'épreuves et tant de souffrances, que tu ne puisses supporter les chants d'un barde mercenaire?..... Vieillard, ta ballade loue dignement celui à qui tu vends tes services. Mais pourquoi ne rien dire de ces trois vassaux du baron de Lorn, si braves et si fidèles, qui arrachèrent des mains de Bruce leur seigneur terrassé, et qui périrent pour le sauver? Je croyais que l'agrafe et le manteau étaient restés entre les mains mourantes de ces infortunés, lorsque, attaqué par cent ennemis de plus qui se précipitèrent sur lui, Bruce fit sa retraite, long-temps après que Lorn eut abandonné le champ de bataille, heureux d'avoir la vie sauve....Mais en voilà assez.... Ménestrel, prends cette chaîne d'or pour salaire : que désormais elle te serve au moins de prétexte pour parler plus noblement de Bruce.

XV.

— Par Saint-Columba! par tous les saints qui reposent dans son église! je jure que c'est le Bruce lui-même, s'écria avec fureur le baron de Lorn. Qu'il meure pour expier la mort de mon parent.

— Non, s'écria Ronald : tant que ma main portera une épée, je ne souffrirai point qu'on immole à ma vue un guerrier sans défense. Le sang de l'étranger ne souillera point mon château; cette antique demeure de mes pères sert d'asile à l'infortune; c'est le refuge et le bouclier des faibles, ce n'est point ici qu'on égorge un malheureux battu par la tempête. — Que parlez-vous de combat inégal, reprit le baron? Comyn tomba sous le fer de trois scélérats qui lui percèrent le cœur. Ne m'opposez point les droits de l'hospitalité. Comyn périt dans le temple du Seigneur; son sang ruissela sur l'autel. Son implacable assassin le foulait aux pieds, immobile..... comme ce barbare, le bras armé et le mépris sur le front. A moi! mes amis, frappez, exterminez ces rebelles proscrits.

XVI.

Aussitôt plusieurs seigneurs des terres du continent se lèvent, dociles à la voix de leur Chef. Le bras nerveux de Barcaldine s'agite, Kinloch-Alline a tiré son épée, la dague du noir Murthock est hors du fourreau, et la main formidable de Dermid est prête à frapper. Ils réclament une juste vengeance et répètent leurs cris de guerre. Ils s'avancent les armes hautes; les femmes fuient épouvantées. O terre d'Écosse! c'en était fait de ton plus noble fils, il périssait à son aurore, si les braves chevaliers qui étaient venus des îles de l'Océan, réunis autour de Ronald, n'eussent arrêté la fureur de l'impitoyable Lorn.

XVII.

C'étaient le vaillant Torquil, descendu des hauteurs de Dunvegan, le seigneur des montagnes brumeuses de Skye; Mac-Niel, ancien Taniste de la sauvage Bara; Duart, chef du clan belliqueux de Gillian; Fergus, seigneur de la baie et du château de Canna; Mac Duffith, lord de Colonsay. Quand ils virent les épées briller, ils levèrent leurs armes, d'autant plus prompts que de vieilles haines, souvent assoupies mais jamais éteintes, divisaient entre eux, depuis long-temps, les seigneurs d'Argyle et les Chefs des Hébrides. Spectacle effrayant! de tout côté on voyait briller des armes; la chevelure de chacun des Chefs flottait en désordre; ils se menaçaient des yeux; déjà leurs bras et leurs épées se croisaient; les torches réfléchissaient leur lumière sur l'acier meurtrier qui la renvoyait en éclairs bleuâtres; les flambeaux de l'hymen semblaient destinés à éclairer un spectacle de sang au lieu des plaisirs d'une fête nuptiale.

XVIII.

Le combat allait s'engager. Les chevaliers, agitant leurs épées nues, se préparaient à s'entr'égorger. — Mais tous ces ennemis hésitent encore, par un reste de respect pour les droits de l'hospitalité. La fureur se peignait dans tous les yeux; mais chacun craignait de porter les premiers coups; car les ménestrels maudissent celui qui trouble la joie des festins; d'ailleurs, un même nombre de chevaliers dans chaque parti, et des forces égales, rendaient incertaine l'issue du combat. Les menaces et les cris s'apaisèrent peu à peu; et bientôt cette troupe guerrière resta dans un silence aussi profond que le calme, image de la mort, qui précède l'orage. Anglais et Écossais, tous demeuraient immobiles comme les hommes de fer des anciens temps, auxquels on eût dit qu'il ne manquait que le souffle de la vie pour engager le combat.

XIX.

Edith profita de ce moment pour fléchir ces cœurs irrités. Avec elle, la jeune étrangère s'élança vers Argentine; et son voile, s'étant détaché, laissa voir le feu de ses regards et les boucles flottantes de ses cheveux.

— O toi! dit-elle, qui fus jadis la fleur des chevaliers et le protecteur du faible, toi qui vainquis dans Juda pour notre sainte loi, et qui, dans les lices, as souvent remporté des couronnes que cette faible main t'a décernées, pourras-tu rester insensible au cri de l'honneur qui s'indigne d'un combat aussi inégal, et dans lequel mes frères, autrefois tes amis, vont être immolés, au mépris des droits de l'hospitalité?

Ces paroles s'adressaient à Argentine; mais les yeux de la belle suppliante parlaient au Chef des Iles.

Une couleur pâle, semblable à celle des derniers rayons du jour, couvrait le front de Ronald; il tressaillit à ces paroles, et une convulsion subite fit frémir tout son corps. Il jeta sur la belle suppliante un regard plein de trouble, et d'une voix timide: — Ne craignez rien, mon Isabelle..... mais que dis-je! Ne crains rien, Edith; non, ne crains rien. Je saurai veiller à ton salut, mon aimable fiancée. Ma fiancée!... Ce dernier mot expira sur ses lèvres tremblantes.

XX.

Alors Argentine s'avança pour réclamer, comme vassaux du roi son maître, ces deux étrangers qui avaient porté les armes contre lui. Cette demande n'était sans doute qu'un prétexte pour les sauver, car jamais chevalier ne fut plus brave et plus loyal qu'Argentine. Ronald ayant deviné son intention ne s'y opposa point; mais le fougueux Torquil traversa ce dessein.

— Nous avons entendu parler du joug de l'Angleterre, s'écria-t-il, et la renommée aussi a murmuré dans nos îles qu'un droit légitime appelle Bruce au trône de l'Écosse, quoique dépossédé par une épée étrangère. Cette demande mérite d'être examinée; mais quelque juste que soit la mission du chevalier anglais, que la couronne d'Angleterre saisisse ses sujets rebelles partout où s'étend sa domination. Au mépris des lois de l'hospitalité, au milieu des seigneurs de l'Écosse appelés à venir partager les réjouissances d'un festin, soyez sûrs que je ne consentirai jamais à voir Lorn ou d'Argentine charger de chaînes un malheureux et brave chevalier. —

XXI.

Ce discours ralluma la querelle : les menaces, les clameurs recommencèrent. Les vassaux et les domestiques, en se précipitant dans la salle, mêlaient leurs voix à ce tumulte, quand tout à coup on entendit le cor retentir au loin sur l'Océan.

— C'est l'abbé, s'écria-t-on de toute part : c'est cet homme de Dieu dont les yeux ont eu de saintes visions; qui a rencontré des anges sur son passage, auprès de la baie des Martyrs et de la pierre de Saint-Columba. Les moines de son couvent les ont entendus réciter leurs hymnes célestes sur les sommets de Dun-Y, pour charmer les heures de sa pénitence; pendant qu'il s'agenouillait et disait son rosaire au pied de chaque croix (1). Il arrive pour apaiser nos querelles. C'est un saint qui vient d'une île sainte; nous invoquerons son ministère de paix : l'abbé terminera nos différends.

XXII.

Cet heureux accord était à peine conclu que la grande porte roula sur ses gonds, et l'on vit entrer le pieux cortège en étoles noires. C'étaient douze religieux chaussés de sandales et portant des reliques. Ils étaient précédés de flambeaux et suivis de la sainte croix. A cet aspect, les ennemis cessèrent de se menacer, les épées et les dagues rentrèrent dans les fourreaux, tout cet

---

(1) Le nombre de ces croix s'élève à plus de trois cents.

appareil de guerre disparut, comme ces feux rapides qui sillonnent le ciel et s'évanouissent aussitôt.

XXIII.

L'abbé s'arrêta sur le seuil de la porte. Il tenait la croix entre ses mains. Son capuchon était renversé sur ses épaules. La flamme des torches éclairait d'une lueur rougeâtre ses joues flétries, son aumusse blanche, ses yeux bleus qui brillaient encore d'un feu à demi éteint, et les rares cheveux qui ombrageaient son front blanchi par l'âge.

— Nobles seigneurs, dit-il, que la protection de la Vierge et les secours du ciel soient avec vous. Mais d'où vient ce désordre? Rien ne m'annonce ici la paix. Pourquoi ces armes et ces épées nues? Pourquoi cet appareil de guerre dans une telle cérémonie? Convient-il que des armes menaçantes frappent les yeux d'un prêtre qu'on appelle pour unir les cœurs et les mains de deux jeunes époux?

XXIV.

Alors, déguisant sa fureur sous l'apparence d'un zèle fanatique, l'orgueilleux Lorn s'empressa de répondre.

— Saint père, vous étiez mandé pour unir de vrais enfans de l'Église, et certainement vous vous attendiez peu à rencontrer ici un misérable frappé de l'anathème du pontife de Rome, pour avoir souillé d'un meurtre la pierre des saints autels. Vous seriez sans doute bien plus surpris si, après avoir découvert parmi nous un tel ennemi, nous parlions de trêve, de paix ou d'alliance avec Bruce l'excommunié, au lieu de répandre son sang coupable.

XXV.

Ronald prit la défense de l'étranger et fit valoir les

sermens de la chevalerie et les lois de l'honneur. Isabelle, à genoux devant lui, accompagnait ces paroles de ses pleurs et de ses prières. La généreuse Edith se joignait à elle, et, en versant des larmes, elle sollicitait la pitié de son frère.

— Loin de moi, s'écria l'inflexible baron, sœur indigne; n'est-ce pas assez de t'avoir amenée au château de Ronald comme une maîtresse ou comme une esclave qui vient à la porte de son maître pour attendre les caprices de son amour, ou s'exposer à sa froide indifférence; mais le seigneur de Cumberland, le généreux Clifford, recherche ta main, tu seras son épouse. Point de réponse; éloigne-toi de moi et ne reparais à ma vue qu'après avoir séché ces indignes larmes. —

Le respectable abbé entendait avec peine ce discours; mais rien n'altérait le calme sévère de son front.

XXVI.

Argentine exposa avec tant de fierté les prétentions de son maître le roi d'Angleterre, que ses paroles réveillèrent dans le cœur de Ronald un feu secret assoupi depuis long-temps. Soudain son courroux éclata comme l'étincelle qui jaillit du caillou.

— Assez long-temps, s'écria-t-il, le sang le plus illustre a coulé pour l'anglais Edward. Que de meurtres depuis que le grand Wallace, par une infame dérision, fut ceint d'une couronne de feuillage et mis à mort pour avoir bien défendu la terre de ses pères! Où sont aujourd'hui Nigel Bruce et Delahaie, et le vaillant Seton, et le loyal Somerville, et Fraser, la fleur des chevaliers; où sont-ils ces Chefs généreux? Leur tête n'a-t-elle pas été attachée au gibet, et leurs membres épars ne sont-ils pas devenus la pâture des chiens dévorans et des oiseaux de proie : et nous délibérons froidement s'il convient d'augmenter le nombre des victimes. Le léopard anglais est-il insatiable du sang de l'Écosse? La vie d'Athole n'a-t-elle pu satisfaire ce sombre tyran aigri par la maladie, et qui, de son lit de mort, ne parle que de roues, de gibets et de meurtres? Tu fronces le sourcil, d'Argentine; tiens, voilà le gage de mon défi.

XXVII.

— Tu ne seras pas le seul à affronter les périls, s'écrie le vaillant chevalier de Dunvegan. Non, par tous les saints! par le sauvage Woden! serment de mes aïeux : que Rome et l'Angleterre unissent leurs cruels desseins; mais si Bruce, proscrit et excommunié, rassemblait jamais ses amis pour tenter de nouveau la fortune, si Douglas reprenait son épée, si Rodolphe tentait de nouveau les chances de la guerre, je le jure, le vieux Torquil irait grossir de deux mille hommes le camp de son roi. Et toi, respectable prieur, ne blâme point ce courage. Depuis long-temps tu connais l'humeur farouche de Torquil, et son inflexible volonté, digne encore de la sauvage Scandinavie : non, je ne déserterai la cause de la liberté ni pour l'or de l'Angleterre, ni pour les bénédictions de Rome.

XXVIII.

L'abbé écouta ce discours intrépide avec un air sévère; puis il se tourna vers le roi Bruce, et deux fois la parole expira sur ses lèvres; deux fois il baissa les yeux et sa bouche ne balbutia que des mots confus. Mais après avoir surmonté ce sentiment de crainte, il l'apostropha ainsi :

— Dis-nous, malheureux, quelle est ta justification pour m'empêcher de lancer contre toi cette sentence fatale qui, selon les saints canons, voue l'ame aux enfers et lui donne la mort. Cet anathème redoutable éloigne de toi les saints anges et appelle tous les maux sur ta tête. L'Église refuse son secours à celui qui en est frappé; le ciel reste sourd à ses plaintes, le bras des serviteurs se lève contre le maître, la malédiction est le partage des amis qui le suivent au combat, et de celui dont la main secourable soulage sa misère. Cette malédiction poursuit le coupable pendant toute la vie,... et, même après la mort, elle plane encore sur ses cendres. Elle renverse les écussons qui décorent sa tombe, fait taire l'hymne sacré qui devait s'élever pour lui; et, l'exilant de toute sainte sépulture, l'abandonne comme un vil cadavre à la voracité des chiens. Tel est le sort de celui que Rome a condamné. Voilà la juste récompense que mérite ton meurtre sacrilège.

XXIX.

— Homme de Dieu, répondit Bruce, il ne m'appartient point de contester ton pouvoir; mais il faut que tu saches que le meurtre de Comyn n'est pas l'effet d'une vengeance personnelle. Comyn est mort parce qu'il a trahi la patrie. Je ne blâme ni ceux dont l'imprudent courroux a commis ce meurtre suivi de si près par le repentir, ni ceux dont la bouche perfide a lancé le fatal anathème; je ne m'en prends qu'à moi-même, à mon indignation provoquée par les malheurs de l'Écosse; le ciel connaît les projets que j'ai formés pour expier, autant qu'il dépendra de moi, le mal que j'ai pu faire; et le juste ciel ne restera point sourd à la prière d'un suppliant qui appelle à sa clémence des condamnations d'un pontife et des fureurs d'un évêque. Dès que j'aurai rempli mon devoir le plus cher et le plus sacré, celui de délivrer l'Écosse de l'esclavage, il sera temps de demander à l'Église ses prières pour l'ame de Comyn ; et moi, soldat de la croix, j'irai en Palestine expier, en combattant pour Dieu, ce meurtre non médité. Mais jusque-là, que l'Église se contente de l'aveu de ma faute et de la promesse de réparer mes torts.

— A présent, je rends à Argentine et à Lorn le nom de traître qu'ils m'ont donné. Je leur porte un défi et déclare qu'ils en ont menti par la gorge.

xxx.

Tel qu'un homme immobile d'admiration devant un spectacle miraculeux, l'abbé regardait fixement le roi Bruce. Bientôt la plus vive agitation se peignit sur ses traits, sa respiration devint plus difficile et plus pressée. Des regards sombres et égarés partirent de ses yeux ; ses cheveux se hérissèrent ; son visage s'enflamma ; le sang circula dans ses veines avec une nouvelle rapidité ; il murmura des mots inarticulés qui troublaient seuls le silence effrayant qui régnait autour de lui, enfin il parla de la sorte.

xxxi.

— Bruce, j'allais frapper ta tête de mes malédictions ; j'allais livrer ton sang à celui qui brûle de le répandre. Mais semblable au Madianite arrêté sur Zophim, je sens dans mon cœur glacé par l'âge une puissance invincible ; elle dicte mes arrêts, elle m'embrase, elle trouble mes sens.

— Bruce, ta main sacrilège a frappé ton ennemi sur l'autel du Seigneur !... Mais, forcé de céder à l'esprit qui m'inspire, je te bénis, et ma bénédiction sera partout avec toi.

Il dit, et un silence de respect et de crainte régna long-temps au milieu de la foule étonnée.

XXXII.

Le feu divin enflamma de nouveau le regard de l'abbé ; ses mouvemens reprirent une force surnaturelle ; ce n'était plus la voix cassée d'un vieillard, mais les accens mâles de l'âge viril :

— Toi qui trois fois fus vaincu en bataille rangée ; toi qui vis tes amis en fuite, égorgés ou captifs ; toi qui, loin de ta patrie, erras dans les déserts après avoir été poursuivi par des limiers altérés de ton sang ; exilé sur des bords étrangers, roi proscrit, abandonné, réduit à la misère, je te bénis... Et ma bénédiction te suivra dans les palais et sur le champ de bataille ; sous la pourpre et sous le bouclier ; tu laveras les affronts de la patrie ; tu la vengeras de ses outrages ; Bruce, roi légitime de l'Écosse, désormais réconcilié avec la gloire et le ciel, quelle suite d'honneurs attendent ta mémoire ? Dans les siècles futurs, le père apprendra à son fils le nom du régénérateur de ses libertés. Les premières paroles de l'enfance célèbreront tes louanges. Va maintenant, marche de conquête en conquête, poursuis ta carrière : ton nom appartient à la postérité. La puissance du ciel te bénit avec moi, elle répand sur toi ses graces... Mais, c'en est fait ; je sens s'affaiblir cette force étrangère ; mes yeux se ferment à cette lumière de l'avenir... Le ciel a parlé ; je ne recevrai point le serment nuptial des époux. Mes frères, notre tâche est remplie, notre présence est désormais inutile en ces lieux : remettons à la voile. —

Les moines reçoivent dans leurs bras le prêtre défaillant et respirant à peine. Pour obéir à ses ordres ils se hâtent de sortir du château, s'embarquent, et, la voile déployée, ils regagnent la haute mer.

FIN DU CHANT SECOND.

LE
LORD DES ILES.

CHANT TROISIÈME.

I.

N'avez-vous pas observé le silence profond qui règne sur la forêt, les prairies et les vallées, lorsque le tonnerre vient de gronder soudain dans la nue et que l'écho a répété sa voix lointaine? Le seigle ne fléchit plus sa tête dorée dans les riches sillons; le feuillage mobile du tremble cesse de faire entendre son frémissement monotone; aucun souffle ne balance les touffes de la giroflée jaune qui tapisse les ruines du vieux château, jusqu'à ce qu'enfin l'orage s'éveille, s'approche avec un murmure sourd, et balaie avec fracas la colline retentissante.

II.

Tel fut le silence solennel qui succéda aux accens prophétiques du prêtre en cheveux blancs. Dociles à ses ordres, les moines ont livré leur voile aux vents du sud avant qu'une seule parole ait été entendue dans le château. Bientôt des murmures qui expriment le doute et la terreur interrompent ce calme imposant. On se parle à l'oreille avec inquiétude, et l'on fixe un œil curieux sur le prince des Iles, qui, dans une embrasure, à l'écart, semblait intercéder le seigneur de Lorn, dont l'air distrait et les gestes pleins de courroux témoignaient le dédain et l'impatience.

III.

Lorn cesse enfin de se contenir; il regarde Ronald d'un œil menaçant, secoue la tête, et s'éloigne de lui avec un geste farouche. — Me crois-tu donc, dit-il, d'une humeur assez facile pour oublier une guerre à mort, et pour serrer en signe d'amitié une main teinte du sang de mon parent? Est-ce là le juste retour d'une confiance fondée sur des sermens réciproques? Je vois bien la vérité du proverbe qui nous avertit de la foi inconstante des insulaires. Mais, puisqu'il en est ainsi... crois-moi: tu apprendras avant peu que nous savons, dans nos montagnes, nous venger d'un outrage... Qu'on appelle Edith.... Où est la fille de Lorn? Où est ma sœur? lâches esclaves..... Elle et moi nous ne nous exposerons pas plus long-temps à de nouveaux mépris... Venez, Argentine, venez, nous n'aurons jamais pour allié ni pour frère un ami de Bruce et un ennemi de l'Angleterre.

IV.

Mais comment peindre la fureur du Chef, lorsqu'on

eut vainement cherché Edith depuis la salle la plus basse du donjon jusqu'au faîte de la tour. — Perfidie !... Trahison !... s'écria-t-il... Vengeance !... vengeance sanglante !... Une riche récompense à celui qui me vengera : je lui promets les terres d'un baron ! — Sa rage eut peine à se calmer lorsqu'on vint lui dire que Morag avait suivi sa sœur dans sa fuite, et que deux femmes, qu'on n'avait pu distinguer dans le tumulte de la nuit, s'étaient rendues secrètement au navire de l'abbé. — Que toutes mes galères s'arment... Volez; qu'on les poursuive. Le prêtre me paiera cher sa perfidie... J'espère que bientôt nous saurons le prix que Rome réserve à sa prophétie prétendue. — C'est ainsi que le fier seigneur de Lorn exprimait son indignation. Prompt à exécuter ses ordres, Cormac-Doil hisse sa voile et lève l'ancre : Cormac-Doil était un franc pirate, charmé d'avoir un prétexte quelconque pour parcourir les mers. Les autres officiers de Lorn hésitent encore en se disant tout bas :

— Edith a donné son premier amour à Ronald des Iles ; craignant que son frère ne veuille la forcer à recevoir la main de Clifford, elle a été chercher un refuge dans le cloître d'Iona. Elle veut sans doute habiter ce saint asile comme une recluse jusqu'à ce que l'abbé apaise par sa médiation ces nouvelles querelles.

v.

Pendant que le château retentissait des cris d'impatience et de colère du seigneur de Lorn, qui ne cessait de demander son bouclier, son manteau, et d'appeler tous ses gens au nom de leur respect pour sa personne, Argentine s'adresse à Bruce avec une courtoisie mêlée d'une dignité sévère.

— Comte, dit-il, je consens encore à donner ce titre à Bruce quoiqu'il ait perdu ses titres et son nom depuis qu'il a pris les armes et s'est déclaré rebelle; comte ou vassal, n'importe... Tu t'es permis tout à l'heure des menaces qui regardaient Argentine :... l'honneur m'oblige à t'en demander raison à toi-même. Nous n'avons pas besoin de nous dire que nos bras savent également manier l'épée; je requiers de toi une grace qu'un guerrier peut exiger. Place ce gant sur ton cimier au premier combat où nous nous rencontrerons, et je dirai, comme j'ai toujours dit, qu'égaré par l'ambition, tu n'as pas cessé d'être un noble chevalier.

VI.

— Et moi, répondit le prince, si j'avais la glorieuse épée d'Argentine, je regarderais comme une honte de la tirer du fourreau pour défendre un tyran; mais, quant à la demande que tu m'adresses, sois certain que dans tous les combats on verra flotter sur mon cimier le gage que me remet ta main; si mes paroles irréfléchies ont outragé ton honneur, il recevra une satisfaction digne de l'offense. Aucun gant donné aux jours de ma jeunesse par une dame ne fut aussi précieux à mon cœur que celui que je tiens de toi. Ainsi donc, noble ennemi, puisses-tu ne rencontrer que bonheur jusqu'au moment où nous nous reverrons, et alors... adviendra ce que le ciel voudra.

VII.

C'est ainsi qu'ils se séparèrent... Déjà les amis de Lorn se retirent avec un murmure semblable aux sourds mugissemens des vagues que repoussent les rochers de la plage. Chacun des Chefs, suivi de ses vassaux, se rend à son château des montagnes, réfléchissant à l'incertitude des projets de l'homme.

Cependant, par les ordres de Ronald, une double garde veilla sur les remparts d'Artornish. Les portes furent soigneusement fermées par de triples barres de fer, des verrous et des chaînes. Le prince pria ensuite ses hôtes, avec courtoisie, de l'excuser de l'interruption de la fête, et leur offrit un asile sûr dans sa forteresse.

Les chefs et les chevaliers, précédés par des vassaux qui portent des torches, sont conduits aux lits qui leur ont été réservés. L'oraison du soir est dite, et déjà chacun cède à ce profond sommeil qui verse sur les paupières fatiguées l'oubli d'un jour de travaux.

VIII.

Mais, bientôt réveillé, le monarque crie à Edward qui dort à côté de lui : — Lève-toi, mon frère... je viens d'entendre résonner une porte secrète; une torche luit sur le plancher... Debout, Edward; debout, te dis-je; quelqu'un se glisse vers nous comme un fantôme nocturne... Arrête... c'est notre hôte généreux.

Ronald s'approche suivi du Chef de Dunvegan... L'un et l'autre fléchissent le genou devant Bruce en signe de fidélité; ils lui offrent leurs épées et le saluent du nom de monarque légitime d'Écosse. — O toi, qui es l'élu du ciel, ajouta Ronald, dis-moi si tu me pardonnes les erreurs de ma jeunesse; les artifices des traîtres me détournèrent des sentiers du devoir, et j'osai lever contre toi un fer rebelle... Mais, alors même que j'étais armé contre tes droits, je ne cessai jamais de rendre un sincère hommage à ta noble valeur.

— Hélas! ami, répondit Bruce, la faute en est à ces temps de malheur; moi-même, plus coupable que toi...

— Il s'interrompit à ces mots, accablé par le remords de la défaite de Falkirk ; il pressa le lord des Iles contre son cœur, et soupira amèrement.

IX.

Les deux chevaliers lui offrent leurs armes et leur influence pour reconquérir ses droits ; mais leurs avis doivent être mûrement pesés avant d'arborer la bannière des combats et de réunir des troupes ; l'or de l'Angleterre et les intrigues de Lorn avaient créé un grand nombre d'ennemis au monarque malheureux.

Bruce déclara franchement ses hardis desseins à ses nouveaux sujets : — Après avoir passé l'hiver dans l'exil, je voulais, dit-il, me rendre au rivage de Carrick : il me tardait de voir le lieu de ma naissance et d'être témoin des banquets que donne Clifford dans mon château, dont il s'est déclaré le seigneur. Mais je me dirigeai d'abord vers Arran, où le vaillant Lennox me prépare des secours. Une tempête est venue poursuivre nos navires et les disperser. Traversé dans mes projets, j'aurais été forcé de m'éloigner du but de mon voyage pour éviter une voile ennemie ; cette sage inspiration qui maîtrise nos volontés nous a guidés dans le château d'un allié. —

X.

Torquil prit alors la parole : — La nécessité nous dit de nous hâter ; un retard nous serait funeste ; nous devons presser notre souverain d'éviter les périls d'un siège. Altéré de vengeance, Lorn, avec toutes ses troupes, n'est que trop près des tours d'Artornish ; les vaisseaux légers de l'Angleterre sillonnent de leurs proues les ondes de la Clyde, prêts à partir au premier signal pour garder tous les détroits et surveiller tous les rivages.

Avant que l'alarme soit donnée, notre prince doit se trouver en sûreté dans les parages amis de Skye... Torquil sera son pilote et son guide.

—Non, brave Chef, s'écria Ronald; j'accompagnerai moi-même notre monarque; j'irai appeler aux armes les guerriers de Sleate; et toi, Torquil, sage dans les conseils, tu dirigeras leur bravoure et tu leur en imposeras par tes cheveux blancs.

— Si mes paroles sont trop légères dans la balance, dit Torquil, cette épée la fera pencher pour nous.

XI.

— Ce projet me sourit, dit Bruce; cependant il serait prudent qu'Isabelle allât chercher un asile avec mon navire et mes gens sur les rivages hospitaliers d'Erin. Edward, tu iras avec elle pour distraire son inquiétude, pour la défendre au besoin, et rallier autour de toi nos amis dispersés.

On eût cru lire dans les yeux de Ronald que cette résolution était loin de le satisfaire; mais la plus grande promptitude fut adoptée pour l'exécution de ces plans; deux navires, secrètement équipés, sortirent de la baie, faisant voile de deux côtés différens, l'un vers la côte de Skye, et l'autre vers le rivage d'Erin.

XII.

Nous suivrons Bruce et Ronald.

D'abord, un vent favorable enfla leurs voiles; ils reconnurent avec peine les sombres hauteurs de Mull et les collines azurées d'Ardnamurchan. Mais là, des rafales les assaillirent et les forcèrent de baisser les vergues pour se servir de l'aviron. Ils luttèrent le jour et la nuit contre ces mers orageuses, et ce ne fut qu'avec l'aube matinale qu'ils aperçurent les rivages romantiques de

Skye. Ils virent la lumière naissante du soleil couronner la crête aride de Coolin; mais leur navigation fut si pénible et si lente, qu'avant qu'ils fussent entrés dans la baie de Scavigh, l'astre du jour répandait ses dernières clartés dans l'occident. Ronald dit alors : — Si mes yeux ne me trompent, voilà les déserts qui s'étendent au nord de Strathnardill et de Dunskye. Aucun mortel n'y porte la trace de ses pas; et, puisque les vents contraires nous repoussent, qui nous empêche de descendre à terre? si mon prince aime l'arc du chasseur, ne pourrions-nous pas percer de nos flèches un chevreuil de ces montagnes? Allan, mon page, viendra avec nous; il sait bander l'arc d'un bras adroit; et, si nous rencontrons du gibier, il nous répond du succès de la chasse.

Chacun d'eux s'arme; la chaloupe est mise en mer; ils s'élancent à terre, et abandonnent l'esquif et leurs rameurs au lieu où un torrent rapide accourait en mugissant sur son lit de rochers pour mêler ses flots à ceux de l'Océan.

XIII.

Ils s'avancèrent quelque temps en silence comme des chasseurs qui cherchent une proie; enfin le roi Bruce dit à Ronald : — Sainte-Marie, quel spectacle! J'ai parcouru bien des montagnes dans ma patrie et dans les climats étrangers; ma destinée m'a fait plus souvent chercher un refuge que les plaisirs : aussi ai-je erré dans maints déserts, gravi des rochers et franchi des torrents; mais, par le toit de mes pères! je n'ai rencontré nulle part un spectacle aussi sauvage et aussi sublime dans ses horreurs que celui qui s'offre à ma vue.

XIV.

Le monarque pouvait bien parler ainsi; jamais les

yeux des hommes n'ont connu un tableau plus sévère que ce lac effrayant avec les rochers escarpés qui le bornent. Il semble qu'un antique tremblement de terre a ouvert une route à travers le sein de la montagne, et que chaque précipice, chaque ravin, chaque sombre abîme atteste encore ses ravages. Le vallon le plus aride nous offre quelques marques de l'influence vivifiante de la nature; de vertes mousses tapissent les cimes du Ben-more, la bruyère fleurit dans les profondeurs du Glen-coë, et un taillis croît sur le Cruchan-Ben; mais ici vous chercheriez vainement au loin, et de quelque côté que vos regards se tournent, un arbre, un buisson, une simple fleur, le moindre indice de végétation; tout est ici rocs jetés au hasard, vagues sombres, hauteurs arides, bancs de pierre, comme si le ciel avait refusé à ce séjour les rayons du soleil et la douce rosée du printemps, qui produisent les nuances variées des coteaux les plus incultes.

XV.

A mesure qu'ils pénétraient plus avant; les rochers sourcilleux et le lac profond paraissaient plus sauvages. D'énormes terrasses de noir granit étaient pour eux des sentiers rudes et d'un accès peu facile. C'étaient des débris de granit arrachés par l'orage, des flancs de la montagne, et amoncelés les uns sur les autres dans une de ces nuits de terreur où le chevreuil prend la fuite pendant que le loup hurle dans sa tanière; quelques-uns de ces fragmens informes étaient suspendus sur un appui incertain, et le bras d'un enfant eût ébranlé ces masses qu'une armée entière n'aurait pu soulever, quoique tremblantes sur leur base, comme la pierre des druides. Les brouillards du soir, dans leur course inconstante, couvraient tantôt la chaîne des monts, et tantôt abandonnaient leurs fronts chauves pour étendre leur voile vaporeux sur les ondes du lac, ou se disperser en légers tourbillons sur l'aile des vents. Souvent aussi, se condensant tout à coup, ils s'arrêtent immobiles; des torrens s'échappent de leurs flancs entr'ouverts, et se précipitent en flots écumeux de la cime de la montagne, aussitôt que reparaît la clarté joyeuse du soleil.

XVI.

— Quel est, dit Bruce, le nom de ce sombre lac dont les barrières effrayantes sont des précipices escarpés qui n'offrent au chevreuil d'autre sentier que l'étroite lisière que foulent nos pas? Comment appelez-vous ces monts arides, et ce pic gigantesque élevant jusqu'aux nues ses gouffres affreux et ses crevasses qui sont comme les cicatrices de sa crête brisée par la foudre? — Coriskin est le nom du lac, et Coolin celui de la montagne, ainsi appelée par nos bardes depuis le chef Cuchullin, d'antique mémoire; mais plus familiarisés dans nos îles avec les tableaux hideux de la nature qu'avec ses créations riantes, nos bardes se plaisent souvent, suivant le caprice de leur imagination, à donner des noms fictifs à de semblables objets. Je voudrais que le vieux Torquil pût vous montrer ses jeunes filles avec leur sein de neige, et vous dire d'écouter le chant monotone de sa nourrice. Les jeunes filles, ce sont d'énormes rochers à saillies blanchâtres; la nourrice, un torrent à la voix menaçante. Nous pourrions aussi vous faire admirer l'étang glacé de Corryvrekin, connu sous le nom de la Sorcière au chaperon blanc. C'est ainsi que l'imagination de nos insulaires a trouvé des noms fantastiques pour les lieux sauvages qu'ils habitent.

XVII.

Bruce répondit : — Une ame rêveuse pourrait trouver ici des idées plus morales. Ces rochers sublimes qui portent jusqu'à la voûte des cieux leurs têtes stériles, indifférens aux rayons du soleil et aux insultes des frimas, ne sont-ils pas l'image du sort d'un monarque? Elevé au milieu des orages politiques, placé trop haut pour goûter les simples plaisirs d'une vie obscure, son ame est un roc insensible, son cœur un aride désert; sa tête couronnée est au-dessus de l'amour, de l'espérance et de la crainte... Mais que vois-je sous cette pointe de rocher? ce sont des chasseurs qui ont tué un cerf. Qui peuvent-ils être? Vous disiez tout à l'heure que jamais mortel ne pénétrait dans cette île?

XVIII.

— Je l'ai dit... et je le croyais, répondit Ronald. Cependant je vois aussi cinq hommes qui nous observent et viennent à nous. Par la ganse qui décore leurs bonnets je les reconnais pour des vassaux de Lorn, pour des ennemis de mon prince. — Peu importe, j'ai vu maint combat plus inégal. Nous sommes trois contre cinq; mais le pauvre page ne peut guère nous aider : convenons donc de notre plan de bataille... S'ils nous disputent le passage, attaquez-en deux, je me charge des autres. — Non, mon prince, c'est à mon épée qu'il appartient de résister à trois ennemis. Si Ronald succombe, ce sera une perte plus facile à réparer que celle de Bruce... Mais nos insulaires sont bientôt des soldats... Allan a une épée aussi bien qu'un arc; et, si mon roi l'ordonne, deux flèches vont égaliser le nombre des deux côtés. — Non, reprit Bruce, dût-il m'en coûter la vie; j'ai déjà à répondre de trop de sang inutilement versé... Nous saurons bientôt si ces gens-là viennent à nous comme amis ou comme ennemis.

XIX.

Ces étrangers s'approchaient toujours, et leur aspect sinistre était loin de rassurer le monarque : ils s'avançaient d'un pas irrésolu, le regard en dessous et cherchant à n'être pas vus ; les deux premiers, mieux équipés, portaient le costume, le plaid et les armes des montagnards : des dagues, des claymores, un arc et des flèches. Les trois autres, qui suivaient à un court intervalle, semblaient des serfs d'une classe inférieure : des peaux de chèvre ou les dépouilles du daim protégeaient leurs épaules contre le souffle du vent ; leurs bras, leurs jambes et leurs têtes étaient nues, leur barbe mêlée, et leurs cheveux crépus ; une massue, une hache et un glaive rouillé composaient toutes leurs armes.

XX.

Ils continuaient de venir à la rencontre de Bruce et de Ronald en gardant le silence. — Dites-nous qui vous êtes, s'écria Bruce, ou arrêtez ! quand on se rencontre dans des déserts, on ne s'aborde pas comme dans les villes paisibles. Ils s'arrêtent à ces paroles sévères, font un salut brusque, et répondent brièvement avec un ton peu gracieux qui prouve qu'ils sont courtois par crainte, mais non avec franchise :

— Nous errons, comme vous peut-être, jetés ici par les vents et les flots. Si vous y consentez, nous partagerons avec vous ce dernier fruit de notre chasse.

— Si vous tenez la mer, où est votre navire ?

— A dix toises au fond de l'Océan. Nous fîmes hier naufrage ; mais des hommes tels que nous font peu d'at-

tention au danger. Les ombres s'épaississent... le jour a
fui... voulez-vous venir dans notre hutte ?

— Notre vaisseau nous attend dans la baie, nous
vous remercions de votre offre. Adieu.

— Serait-ce votre vaisseau qui côtoyait ce soir cette
île ?

— Oui sans doute.

— Épargnez-vous la peine de le chercher ; nous l'avons
aperçu tout à l'heure du haut de la montagne ; un navire anglais avec le pavillon rouge de Saint-Georges
s'est montré tout à coup, le vôtre a levé l'ancre et gagné
le large.

XXI.

— Par la croix sainte ! voilà une fâcheuse nouvelle,
dit tout bas lord Ronald à Bruce. Il ne fait plus assez
jour pour la vérifier ; ces gens-là semblent grossiers,
mais on trouve de bons cœurs sous une rude écorce :
suivons-les. La nourriture et l'abri qu'ils nous offrent
nous sont nécessaires ; nous nous tiendrons en garde
contre la trahison, et chacun de nous fera sentinelle à
son tour pendant que les autres goûteront le sommeil...
Braves gens, nous acceptons avec reconnaissance, et
nous vous récompenserons... Allons, conduisez-nous à
votre cabane... Mais, doucement,... ne mêlons pas nos
deux bandes. Montrez-nous le chemin à travers ces
rochers, marchez devant, et nous vous suivrons.

XXII.

Ils arrivèrent sous une tente formée avec des voiles
attachées contre une roche ; et en entrant ils trouvèrent
un jeune garçon dont la taille délicate et le maintien
noble s'accordaient mal avec un lieu si sauvage. Il avait
une toque et un manteau de velours vert ; le reste de

son habillement, de couleur noire, ressemblait au costume des ménestrels; des cheveux bouclés cachaient à demi son front flétri par la douleur, et ses yeux baignés de larmes. — Quel est ce pauvre enfant? demanda Ronald. La voix du prince des Iles vint soudain le distraire de sa douleur. Il parut sortir d'un songe pénible; il tressaillit, leva la tête en poussant un cri, et promena alentour ses yeux égarés; puis il se tourna du côté du mur en rougissant.

XXIII.

— Quel est cet enfant? demanda une seconde fois Ronald. — La guerre l'a rendu notre prisonnier, il sera tout à l'heure le vôtre, si la musique a pour vous plus de prix que l'or : muet depuis le berceau, ce jeune garçon est habile sur le luth, et sait abréger les heures par les accords les plus doux. Quant à nous, le vent favorable qui pousse notre proue en mugissant nous paraît mille fois plus mélodieux. — Entend-il du moins les paroles qu'on lui adresse? — Oui: c'est ce que nous a dit sa mère, qui a péri dans le naufrage. Voilà ce qui fait pleurer ce jeune musicien. Je ne puis vous en apprendre davantage; il n'est notre captif que depuis hier; au milieu de la tempête nous n'avons guère pu nous occuper de lui... Mais c'est trop perdre de temps en paroles; partagez notre repas, et déposez vos armes. — Au même instant le captif tourne la tête et lance à Ronald un rapide coup d'œil : c'était un regard significatif que le guerrier comprit facilement.

XXIV.

— Amis, dit-il, nous ferons feu et table à part. Apprenez que c'est un pèlerinage que, mon compagnon, ce page et moi, nous avons entrepris. Nous avons fait serment d'abstinence et de veille, jusqu'à ce que notre vœu soit rempli ; nous ne pouvons quitter nos plaids et nos glaives, ni partager le repas d'un étranger. Pendant les heures du sommeil, l'un de nous est tenu de veiller. Ainsi ne vous offensez pas si nous choisissons ce coin de la hutte pour nous y retirer. — Étrange vœu ! dit le plus âgé des montagnards ; il est difficile de le bien observer. Que diriez-vous donc si, pour répondre à la méfiance dont vous récompensez notre bon accueil, nous refusions de vous faire part de notre chasse ? — Nous vous dirions que nos épées sont d'une bonne trempe, et que notre vœu ne nous contraint point à mourir de faim quand nous pouvons nous procurer des mets avec de l'or ou du fer. Le front de l'étranger s'enflamme de colère, il grince les dents ; mais tout son ressentiment s'éteint devant le regard étincelant de Ronald ; son lâche cœur ne peut soutenir le front calme et intrépide du monarque : — Que chacun suive donc la coutume de son clan, dit-il avec un faux sourire ; que chacun se tienne dans ses quartiers séparés, et y mange et dorme à son gre.

XXV.

Un double feu s'allume. Pendant le repas, Ronald, Bruce et le page veillent tour à tour. Le visage du vieux montagnard n'annonçait rien de bon ; il semblait méditer quelque noir stratagème, et ne cessait de regarder en dessous avec un air de circonspection. On remarquait sous ses épais sourcils l'expression du doute et de l'astuce. Le plus jeune, qui paraissait être son fils, avait ce sombre aspect qui fait peur aux ames timides ; quant aux serfs qui se tenaient derrière eux, il y avait dans leurs regards un mélange de haine et de crainte : mais bientôt la nuit devint plus obscure dans la cabane ; ils se couchèrent tous cinq, et s'endormirent ou feignirent de dormir. Le jeune captif lui-même qui, privé de la parole, n'avait plus que ses yeux pour déplorer ses malheurs, cédant à la fatigue, s'étendit par terre pour sommeiller.

XXVI.

Le monarque ne se fiant pas à ses hôtes dangereux, laisse veiller Ronald jusqu'à minuit ; alors Bruce le relève lui-même, et Allan veillera le dernier, après avoir pris le repos qu'exige son âge plus tendre. Quelle est la pensée que Ronald appelle à son secours pour résister au sommeil ? car la crainte d'un aussi lâche ennemi n'aurait pu suffire pour l'occuper. Ronald pense à la charmante Isabelle, au moment où elle tomba aux genoux d'Argentine ; il la revoit aussi dans le brillant tournois de Woodstock, où elle lui remit avec un sourire bienveillant le prix dû au vainqueur. Belle aux jours de la gloire, belle encore dans le malheur, la sœur de Bruce ne remplit pas seule le cœur du prince des Iles ; il se rappelle aussi Edith, son aimable fiancée..... Ah ! comment se décidera-t-il ? L'une a son amour et son cœur, l'autre sa foi et ses sermens prononcés devant le ciel. L'heure de la veille n'est pas pénible pour lui : rarement le sommeil visite les amans. Enfin le hibou fit entendre son chant de minuit ; le renard y répondit en glapissant ; le monarque s'éveilla, et, cédant à ses instances, lord Ronald consentit à prendre un peu de repos.

XXVII.

Quel charme employa le roi Robert pour oublier les fatigues du jour ? Son imagination fit palpiter son cœur de l'enthousiasme de la liberté ; il rêva au bonheur de sa patrie, aux combats livrés pour elle, aux châteaux pris d'assaut, aux villes affranchies, aux étendards de l'Angleterre humiliés par la croix triomphante d'Écosse; aux vicissitudes de la guerre; enfin à tout ce qui fait la pensée chérie des héros. Peut-on s'étonner si le sommeil ne vint point s'appesantir sur le monarque au milieu des importans projets que méditait sa grande ame? Déjà une lumière pâle couronne la cime orientale de Coolin : la loutre va se cacher dans sa retraite, la mouette s'éveille avec un cri perçant..... Le monarque se résout à goûter un sommeil nécessaire. Le page veille à son tour.

XXVIII.

Il est plus difficile aux yeux d'Allan d'observer la veille qu'exige la sûreté de ses compagnons et la sienne. Il garnit le foyer des rameaux pétillans du pin à la flamme bleuâtre, puis il regarde ses hôtes enveloppés dans leurs plaids. Mais son ame était peu accessible à la crainte; issu d'une race de héros, Allan, s'il vit, égalera un jour les plus vaillans chevaliers. Il pense au château de sa mère, aux bosquets qu'aimaient ses jeunes sœurs, et aux jeux de son enfance. Mais bientôt la clarté de la flamme semble mourir devant ses yeux fatigués. Il se relève, considère le lac où les premières lueurs de l'aurore commençaient à briller. Le brouillard cachait la cime des rochers, la brise du matin ridait légèrement la surface de l'onde; les vagues faiblement agitées frappaient le rivage avec un bruit continuel et monotone. Allan rêve aux récits qui amusèrent ses jeunes années : aux apparitions des pèlerins, aux esprits et aux fantômes, à la chaumière fatale de la sorcière, et aux grottes d'albâtre de la sirène qui habite sous l'Océan dans la retraite enchantée de Strathaire. Son imagination le transporte dans ce séjour : les voûtes de la grotte frappent sa vue au lieu de la sombre enceinte de la hutte; il pense fouler aux pieds le pavé de marbre; au-dessus de sa tête les sculptures magiques étincellent comme les étoiles du firmament... Écoute, infortuné ! cesse de croire que le cri aigu que tu entends est la voix de la naïade irritée!... Hélas ! le cri secourable du captif interrompt trop tard le rêve d'Allan. Au moment où il se relève en sursaut, la dague de l'un des brigands a trouvé le chemin de son cœur ; il tourne vers le ciel ses yeux troublés..... murmure le nom de son maître, et meurt.

XXIX.

Le réveil de Bruce fut fatal au meurtrier : sa main a saisi un tison ardent, première arme qui se présente à lui; le jeune Allan est déjà vengé: le scélérat tombe et rend le dernier soupir. Le prince des Iles seconde le monarque ; un des serfs montagnards expire percé de son épée; un autre, renversé par son bras redoutable, attend le coup du trépas ; mais, pendant que lord Ronald lui enfonce son épée dans le cœur, le chef de ces assassins vient par-derrière lever sur lui une main perfide!... Que ne peut-il être secouru un moment jusqu'à ce que Bruce, qui ne peut frapper deux ennemis à la fois, en ait étendu un second sur le premier déjà expirant... Le captif a vu le péril de Ronald et s'est élancé sur le bras qui le menace; il l'arrête, et déjà le traître a mordu la poussière, terrassé par le valeureux Robert.

XXX.

— Lâche, s'écrie le monarque, pendant qu'il te reste un souffle de vie, fais-moi connaître quelle noire trame

t'arma d'un fer homicide contre de paisibles étrangers?
— Tu n'es point un étranger, répond ce misérable avec un accent farouche; je te connais bien, j'ai vu en toi l'ennemi de mon noble Chef, du puissant Lorn. — Eh bien, dit Bruce, réponds encore à une question, et réponds sans détour, pour le salut de ton ame... D'où vient ce captif? apprends-nous son nom, sa naissance et son pays; répare par cet aveu ton infame trahison. — Laisse-moi mourir;... mon sang se glace, j'ai tout dit sur cet enfant : nous l'avons trouvé dans un navire où nous cherchions... et je pensai... — La mort lui défend de poursuivre; Cormac périt, comme il avait vécu, au milieu du carnage.

XXXI.

Appuyé sur son glaive sanglant, le valeureux Bruce dit à Ronald : — Ami, nous devons rougir... ce jeune ménestrel lève vers le ciel ses lèvres muettes, et il joint les mains pour rendre graces au Très-Haut de notre délivrance miraculeuse, tandis que nous oublions d'exprimer notre reconnaissance à la Divinité.

Bruce s'approcha du jeune captif en lui parlant avec douceur; mais son épée nue le fit frémir. Le monarque essuya le sang qui la souillait et la plongea dans le fourreau. — Hélas! ajouta-t-il, pauvre enfant! ta destinée est bien peu d'accord avec ta douceur et ta faiblesse : esclave d'un pirate, tu passes sous un autre maître dont la vie errante n'est qu'une suite de combats et de dangers;... mais, quoique prince sans royaume et privé de presque tous ses amis, Bruce saura te donner un asile. — Viens, noble Ronald, tes larmes généreuses ont assez coulé sur celui qui n'est plus. Allan est d'ailleurs bien vengé; viens, quittons ces lieux, le jour a lui; allons chercher notre navire... Je me flatte que ce traître nous a trompés en nous annonçant qu'il avait pris le large.

XXXII.

Cependant, avant de quitter ce théâtre de carnage, le prince des Iles fit ses tristes adieux à Allan : — Qui racontera sa fin déplorable dans le château de Donagaile? dit-il; hélas! qui apprendra à sa pauvre mère que le plus chéri de ses fils est mort dans la fleur de son âge! Paix à ton ombre, page infortuné; compte sur moi pour le soin des prières funèbres. Quant à ces lâches, les hurlemens du loup et le cri du corbeau retentiront sur leurs cadavres privés de sépulture.

Déjà une lumière de pourpre et d'or se répand sur la crête orientale de Coolin et sur les sombres vagues du lac; elle brille des plus riches nuances depuis le pic aérien de la montagne jusqu'aux ravins et aux précipices. (C'est ainsi que les grandeurs de la terre nous abusent de loin par leur éclat, et couvrent sous la magnificence les soucis secrets qui les accompagnent.) Bruce et Ronald suivent un sentier inégal à travers les saillies d'un dur granit. Les deux guerriers s'entretiennent tristement, et le captif les suit en silence.

FIN DU CHANT TROISIÈME.

LE
LORD DES ILES.

CHANT QUATRIÈME.

I.

Étranger, si tes pas audacieux ont parcouru les contrées septentrionales de l'antique Calédonie, où l'orgueilleuse reine du désert a placé son trône solitaire près des lacs et des cataractes, ton ame a éprouvé un plaisir sublime, mais triste, en contemplant les vallons incultes et la cime des monts; en écoutant les torrens rapides qui se précipitent des flancs des rochers et mêlent leurs voix mugissantes aux cris de l'aigle, au murmure du lac et au sifflement des aquilons.

Oui, ce spectacle t'a paru sublime, mais plein de mélancolie;..... la solitude a pesé sur ton ame, le désert a lassé tes yeux; un sentiment solennel et sévère, une terreur étrange, ont accablé ton cœur; tu aurais désiré trouver non loin de toi la cabane d'un bûcheron ou quelque indice d'une créature vivante; tu aurais aperçu avec ravissement la fumée s'élever en légers flocons au-dessus du toit hospitalier; tu aurais répondu avec joie au chant matinal du coq ou aux cris des enfans, sous la verdure des saules.

Quels sont les lieux dont la sauvage grandeur excite cet effroi adouci par un soupir? Ce sont les lacs du sombre Rannoch, la vallée de Glencoë, ou bien encore ces cavernes blanches d'écume des climats du nord, où le Loch-Eribol mugit de colère. Mais que le ménestrel aille juger si ces solitudes imposantes ne le cèdent pas au terrible rivage qui voit s'élever l'aride crête de Coolin, et qui entend rugir le Coriskin.

II.

Les guerriers traversaient ces déserts, lorsque le son d'un cor et des clameurs répétées frappèrent leurs oreilles. — C'est le cor d'Edward, dit Bruce, quelle cause a pu déterminer un si prompt retour? Regarde, généreux Ronald... vois-le s'élancer sur les rochers avec la légèreté du cerf poursuivi. C'est ainsi qu'Edward Bruce précipite toujours ses pas dans les jeux de la paix comme aux jours des batailles..... Il nous a vus; avant qu'il soit auprès de nous, ses cris vont nous instruire des motifs qui l'amènent.

III.

Edward s'écrie : — Que faites-vous ici à la poursuite du chevreuil, lorsque l'Écosse réclame son roi? Un navire de Lennox, qui s'est croisé avec le nôtre, m'accompagne pour vous en porter à la hâte l'heureuse nouvelle. Stuart appelle aux armes les vallons de Teviot, et Douglas ceux où il reçut le jour. Ta flotte, ô Bruce! est parvenue malgré la tempête dans la baie de Brodick. Lennox n'attend que ton arrivée et tes ordres pour embarquer une troupe de braves dévoués; mais il me reste encore une faveur du ciel à t'apprendre : le plus cruel de tes ennemis, Edward d'Angleterre vient d'expirer sur les frontières, en marchant contre nous à la tête de son armée.

IV.

Bruce demeura calme... son front sévère témoignait rarement sa joie. Mais bientôt un noble enthousiasme colora son visage : —Terre d'Écosse, s'écria-t-il, tu verras donc, avec la volonté du ciel, tes enfans libres et vengés de leurs ennemis. Mais, Dieu tout-puissant, je te prends à témoin qu'il ne se mêle aucun ressentiment personnel à la joie que me cause la mort d'Edward : je reçus de sa main l'épée de chevalier; je lui dus mon rang et mon sceptre, et je puis avouer qu'en arrachant de l'histoire la page des affronts faits à l'Écosse, la postérité ne pourrait plus voir en lui qu'un monarque sage, courageux, et chéri de son peuple. — Que les bourgeois de Londres déplorent la perte de leur prince, que les moines de Croydon chantent ses louanges, reprit Edward avec vivacité; ma haine, éternelle comme la sienne, franchit les barrières de la vie et ne meurt pas avec celui qui n'est plus. Telle a été la haine de notre persécuteur sur les sables de Solway, quand la rage contractait encore sa main presque insensible pour montrer la terre d'Écosse, et qu'il prononçait pour dernières paroles des malédictions contre son successeur, s'il épargnait la patrie de Bruce avant que tous les prétendus rebelles fussent étendus sur leurs sillons ensanglantés. Telle a été sa haine lorsque, renonçant aux paisibles demeures des morts, il a ordonné à son armée impitoyable de transporter ses ossemens sur nos frontières, comme si son œil glacé pouvait encore jouir du spectacle de nos infortunes. Telle a été la haine du tyran ; cruelle, terrible, éternelle... comme la mienne.

v.

— Edward, laisse les femmes s'attaquer avec des mots, et les moines avec des malédictions ; l'épée est la seule arme des guerriers. Crois qu'il nous restera assez d'ennemis vivans pour satisfaire ta haine et ta vengeance. Tourne les yeux vers la mer, et vois ces galères qui nous invitent à profiter du vent favorable. A bord, à bord, et qu'on mette à la voile. Dirigeons-nous sur Arran, où nos amis dispersés se sont réunis au loyal Lennox, à Delahaie, et à Boyd si audacieux dans les batailles. Il me tarde de commander ces vaillans soldats et de voir flotter de nouveau mon étendard... Le noble Ronald veut-il nous accompagner, ou rester pour réunir les forces de ces îles ? — Advienne ce qu'il pourra, heur ou malheur, reprit le chef, Ronald ne quittera jamais le côté de Bruce. Puisque deux galères sont entrées dans la baie, la mienne ira, avec l'agrément de mon souverain, appeler aux armes les clans d'Uist et tous ceux qui entendent les rugissemens du Minche sur les rivages de Long-Island. Quant aux habitans des îles plus voisines, nous pouvons, sans éprouver un grand retard, les avertir nous-mêmes en continuant notre route ; et bientôt la côte d'Arran verra Torquil arriver avec une flotte, si ses insulaires de l'ouest respectent toujours les ordres de leur prince.

VI.

Ce projet fut adopté. Mais, avant qu'on remît à la voile, Coolin et le sombre Coriskin entendirent les lamentations des funérailles. Les insulaires attristés portèrent jusqu'au rivage le corps du page malheureux, en suivant à pas lents les bords de ce lac, digne théâtre d'un spectacle aussi douloureux. A chaque halte, les chants du coronach s'élevaient jusqu'aux nues; et, quand le cortège se remettait en marche, les cornemuses célébraient avec les sons aigres du pibroch le jeune héritier de Donagaile. Les rochers et les cavernes du Coolin répétèrent l'hymne des tombeaux. Ces funèbres accords allaient mourir sur les brouillards de la montagne; car jamais accens formés par les mortels n'atteignirent sa cime escarpée qui ne répond qu'à la voix terrible de la tempête, ou aux roulemens de la foudre.

VII.

Le navire sillonne rapidement les flots, et bondit, poussé par la brise des montagnes de Ben-na-Darch, qui se joue dans les voiles; le frémissement qui agite les cordages ressemble au rire de la gaieté; les vagues divisées bouillonnent et murmurent comme pour répondre par un semblable son. La mouette précède le vaisseau, et rase la plaine liquide d'une aile légère. La cime du Coolin et les rochers de Sapen ont déjà disparu. Ce fut alors que des signaux guerriers se firent voir aux noires tours du Dunscaith et du lac d'Eisord; bientôt d'épais nuages de fumée s'élèvent en tournoyant sur Cavilgarrigh. A cet aspect, qui flatte leur soif de guerre et de vengeance, les clans belliqueux de Sleat et de Strath, impatiens d'en venir aux mains, coururent aux armes et se couvrirent de leurs boucliers. Le Chef de Mac-Kinnon, blanchi dans les batailles, est chargé de les commander et de les conduire à la baie de Brodick.

VIII.

Un autre signal éclaire au loin la terre et la mer du haut de la tour de Canna, suspendue sur l'abîme comme le nid du faucon. Ne cherchez point à gravir le rocher sur lequel est assis ce château, pour y contempler ses ruines; c'est une entreprise hasardeuse, si ce n'est pour le daim ou l'agile chevreuil. Arrêtez-vous sur les sables argentés de la plage, et faites répéter au vieux berger son antique tradition. Il imposera silence aux sauvages aboiemens de son chien, étendra son plaid sur les grèves de l'Océan, vous invitera à vous y asseoir, et vous racontera comment un Chef amena jadis une dame étrangère dans cette sombre tour. Une noire jalousie put seule inspirer à cet époux sévère de confiner dans une telle prison une aussi belle captive.

Souvent, lorsque les rayons de la lune dormaient sur le sein des vagues, cette aimable étrangère s'inclinait en pleurant sur les créneaux des remparts, et tournait les yeux vers les climats du sud. Pensant peut-être à des temps plus heureux, elle touchait son luth, et chantait de plaintives romances dans la langue de sa patrie. De nos jours encore, quand la clarté de l'astre des nuits se reflète sur le rocher et la baie, quand chaque brise est muette, l'habitant des Hébrides croit entendre, avec un plaisir mêlé de crainte, le murmure d'un luth et la voix d'une captive qui déplore ses malheurs dans une langue inconnue..... Ce récit est touchant..... mais il a déjà trop occupé la harpe du ménestrel...... Hélas! qui peut passer près du rocher et de la tour en ruines, sans accorder le tribut d'un soupir à l'infortunée dont ils rappellent la mémoire?

IX.

Cependant le pilote a dirigé le navire vers les montagnes de Ronin; les peuples qui les habitent sont accourus sur le rivage; leur arc est détendu. Soumis aux lois du lord des Iles, ils laissent l'épieu des chasseurs pour le fer des guerriers. Bientôt la flamme qui brille sur Scooreigg appelle ses habitans sous les drapeaux de leur prince, race nombreuse avant que le farouche Macleod vint dans leur île, armé de la vengeance. Vainement la caverne de l'Océan offre un refuge à ses victimes. Le Chef inexorable en ferme l'entrée avec des bruyères en feu; d'épaisses vapeurs remplissent le souterrain; les menaces des guerriers, les gémissemens des enfans, les cris des mères sont vainement entendus; le Chef, n'écoutant que sa rage, entretient les flammes jusqu'à ce que toute une tribu expire dans son dernier asile. Les ossemens encore entassés dans la caverne attestent cette fatale vengeance.

X.

Le navire sillonne rapidement les flots, semblable à l'alouette qui fend les airs au retour de l'aurore, ou au cygne qui traverse l'onde amère dans un jour d'été. On aperçoit à l'est les rivages de Mull, Colonsay, Ulva et le groupe des îles qui entourent Staffa, célèbre par le temple de l'Océan; parmi ses colonnes ignorées, le cormoran trouve un asile paisible; le timide veau marin repose sans crainte dans cet édifice merveilleux, que la nature semble avoir voulu élever elle-même à la gloire de son créateur, pour surpasser tous les temples construits par des architectes mortels. Pour quelle autre divinité se seraient élevées ces colonnes, et ces arches se seraient-elles arrondies ? Telle est la pensée solennelle qu'inspire la voix retentissante des vagues, répétée par l'écho dans les intervalles du flux et du reflux, avec une mélodie plus imposante que celle de l'orgue. Ce n'est point sans dessein que l'entrée de l'édifice fait face à l'antique temple d'Iona ; la nature semble dire à l'homme : — Enfant fragile de la poussière, tu as construit un monument auguste et vanté au loin ;..... mais regarde le mien !

XI.

Le navire continue sa route rapide, comme le dauphin qui échappe au tyran des mers, ou tel qu'un daim poursuivi par la meute. Ronald laisse le Loch-Tua du côté opposé au vent ; il se fait reconnaitre aux guerriers du sauvage Tiry, et au Chef de l'île sablonneuse de Coll. Il ne s'arrête point au port de Saint-Colomba, quoique l'airain des clochers retentisse solennellement. — Le fier et vaillant lord de Lochbuie vit son signal, et ceignit son épée ; la verdoyante Iloy réunit tous ses braves ; avec eux s'armèrent l'île de Scarba, battue par les flots menaçans du Corryvrekin, et la solitaire Colonsay. Lieux chantés par une harpe aujourd'hui muette, il a cessé de vivre, celui qui vous célébra ! il est éteint, ce flambeau qui aimait à répandre au loin la clarté du savoir. Un rivage étranger a reçu le dépôt des cendres de LEYDEN !

XII.

Le vent n'a pas cessé d'être favorable, mais le navire ne sillonne plus les mers. C'est une route inusitée qu'il suit, de peur de rencontrer la flotte ennemie du sud, en tournant autour de la péninsule de Cantire ; il entre dans le lac de Tarbat : l'équipage est obligé de traîner le vaisseau sur l'isthme, jusqu'à la baie de Kilmaconnel. Ce fut un spectacle étrange de voir les mâts passer au-dessus de la cime des arbres, et le vaisseau glisser librement le long des rochers et des bois. Maint devin des montagnes sut tirer d'importans présages de ce prodige, rappelant aux habitans de ces parages les anciennes légendes qui disaient : — que lorsqu'un navire royal voguerait sur la mousse de Kilmaconnel, l'antique Albyn triompherait dans les batailles, et verrait pâlir et trembler tous ses ennemis à l'aspect de sa croix d'argent. —

XIII.

Lancée une seconde fois dans la mer, la galère, fière de cet augure, fit voile pour l'île d'Arran ; avant de s'éclipser derrière Ben-Ghoil, montagne des vents, le soleil éclaira d'une clarté propice cet âpre sommet et le Loch-Ranza. Bruce et ses compagnons saluent ces lieux avec joie ; l'île semblait reconnaître son monarque, tant la côte était brillante, tant l'Océan était pur. Chaque vague diamantée roulait paisiblement dans la baie, où les couleurs de l'or étaient mêlées à celles de l'azur et de l'émeraude. La tour, la colline, le vallon et le bocage étaient richement nuancés par les teintes de la dernière heure du soir. Le vent, qui soupirait avec amour, interrompait seul par intervalles ce silence solennel. Qui aurait voulu détruire le charme de ce tableau enchanté par des entretiens de combats et de malheurs?

XIV.

Est-ce de la guerre que parle Ronald? La rougeur qui

colore ses joues, son regard timide et baissé, l'hésitation de sa voix, indiquent un tout autre discours ; le front du roi Robert laisse connaître qu'une pensée profonde l'absorbe, et qu'il doute de ce qu'il peut répondre à une demande importante ; cependant on lit aussi parfois dans ses yeux un regard de compassion mêlé à ce sourire de bienveillance de l'homme sévère qui écoute parler d'amour. Lord Ronald plaide sa cause avec inquiétude : — Quant à ma fiancée, dit-il, mon souverain sait comment Edith a fui d'Artornish ; elle est trop à plaindre pour que je croie avoir le droit de blâmer cette prompte évasion : que le bonheur l'accompagne!... Mais elle a fui l'hymen, et Lorn a retiré sa promesse en présence de nos Chefs assemblés. J'ai offert ma main pour accomplir l'alliance projetée par nos pères... Repoussé avec dédain, je connaîtrais mal les lois de l'honneur, mon cœur serait bien lâche, si je jouais encore le rôle de suppliant pour le plaisir de Lorn.

XV.

— Ami, répondit Bruce, c'est à l'Église à décider cette question ; mais il serait peu juste, il me semble, puisque Edith accepte, dit-on, Clifford pour son époux, que le lien qu'elle a rompu pût encore te retenir ; quant à ma sœur Isabelle, qui nous répondra des caprices d'une femme? Le chevalier du Rocher, vainqueur dans le tournois de Woodstock, ce chevalier inconnu, couronné de sa main, a su lui plaire, je le soupçonne ; mais depuis le malheureux sort de notre frère Nigel, depuis la ruine de notre maison, ma sœur, pensive et triste, est bien changée ! Peut-être, ajouta le monarque en souriant, peut-être ce que je viens d'entendre pourra lui causer d'autres rêveries : nous le saurons bientôt ;

ces montagnes nous cachent le couvent de Sainte-Brigite, c'est là qu'Edward a déposé Isabelle, qui doit y demeurer jusqu'à des temps plus prospères; c'est là que je porterai ta requête; crois que ton ami saura parler pour toi.

XVI.

Pendant qu'ils conversaient ainsi, le ménestrel muet était auprès d'eux, et appuyait son front contre le mât; un chagrin qu'il voulait en vain réprimer arrachait d'amers soupirs de son sein haletant; ses mains pressaient ses paupières comme s'il eût voulu arrêter ses larmes au passage; mais elles ruisselaient malgré lui à travers ses doigts délicats. Edward, qui se promenait plus loin sur le tillac, s'aperçut le premier de cette douleur contrainte; aussi irréfléchi que brave, il s'empressa de consoler le jeune homme affligé avec une bienveillance mêlée de brusquerie. Il arracha la faible main qui cachait ses yeux baignés de pleurs; le captif résistait... mais le guerrier, avec une rudesse qu'il prenait pour une marque d'amitié, essuya lui-même ses joues, en lui disant : — N'as-tu pas honte de pleurer... Je voudrais que ta langue muette pût me dire quel est celui qui cause ta peine; fût-il le meilleur de nos matelots, j'en aurais raison. Allons, console-toi; te voilà propre à servir de page à un guerrier : tu seras le mien. Un beau palefroi te sera confié pour me suivre à la chasse ou pour porter mes messages à ma belle; car je pense bien que tu ne trahiras point le nom de ma divinité.

XVII.

Bruce s'approche à ces mots. — Joyeux Edward, dit-il, ce n'est point là le page qu'il te faut pour garder ton arc, remplir ta coupe, ou porter tes messages auprès de la beauté. Tu es un maître trop rude et trop irréfléchi pour cet orphelin. Ne vois-tu pas comme il aime à rester nuit et jour à l'écart. Il est assurément plutôt fait pour servir notre sœur Isabelle dans les paisibles occupations du cloître, et pour y prier le ciel avec le père Augustin, que pour courir les aventures avec un guide tel que toi. — Grand merci de tes complimens flatteurs, répondit gaiement Edward ! Mais un jour nous verrons qui de nous deux protégera ou emploiera mieux ce pauvre enfant... Notre vaisseau est en vue du rivage, lançons la chaloupe et débarquons.

XVIII.

Le roi Robert sauta légèrement à terre et fit trois fois retentir son cor, qui réveilla les échos de Ben-Ghoil. C'était là que Douglas et Delahaie serraient de près un cerf aux abois, et que Lennox excitait la meute trop lente au gré de son impatience.

— C'est l'ennemi, s'écria Boyd, qui accourut haletant et l'œil en feu... c'est l'ennemi; que chacun de nous, vaillans chevaliers, laisse son arc et prenne son épée. — Non, reprit le lord James, ce n'est point là un cor anglais; je l'ai souvent entendu animer les combattans, les exciter à la victoire ou arrêter la déroute: Douglas, reconnais le signal de Bruce; que chacun de nous se rende aux bords du Loch-Ranza; ce cor est celui de notre monarque.

XIX.

La nouvelle se répand; les guerriers courent au rivage en poussant les acclamations de la fidélité. Ils se pressent autour de Bruce; lui serrent les mains et versent des larmes. Les uns étaient de vieux guerriers dont le casque cachait les cheveux blancs, et dont la hache était encore souillée du sang des Danois; les autres, des enfans dont la faible main pouvait à peine frapper de leurs épées pesantes contre le fer des boucliers. Il en était aussi qui portaient les cicatrices de blessures reçues dans les malheureuses guerres d'Albyn, au fatal combat de Falkirk et aux défaites de Teyndum et de Methven. On remarquait le robuste Douglas, l'aimable Lennox, Kirkpatrick, le chevalier redoutable de Closeburn, Lindsay farouche et bouillant, l'héritier de Delahaye, victime d'un meurtrier, le grave Boyd et le gai Seton. Ils entourent le roi qui leur est rendu; ils pleurent, et le pressent sur leur cœur; vieillards et jeunes gens, seigneurs et vassaux; celui qui n'a jamais tiré le glaive du fourreau, comme le guerrier familiarisé avec les périls, tous sont déterminés à tout braver, et à vaincre ou à mourir aux côtés de Bruce.

xx.

Guerre! tu as tes farouches plaisirs, tes rayons de joie qui brillent et éblouissent comme l'éclair de lumière qui jaillit du bouclier sur le champ de bataille. Tels sont les transports que fait naître le cri de victoire, ou le serment de vengeance après une défaite, quand une armée proclame les noms de ceux qui ont succombé en braves. Terre des Bretons, tu fus toujours la patrie des héros! et tes nobles soldats aimeront toujours les sons de la lyre anglaise! O vous à qui l'honneur est cher, ne connaissez-vous pas cette joie sévère qui fait vibrer tous les ressorts secrets du cœur et inonde les yeux de larmes? Pourriez-vous donc blâmer Bruce, si son mâle visage offrit des traces de pleurs lorsqu'il aperçut à ses genoux, et lui tendant les bras, les courageux patriotes qui avaient salué les premiers jours de son règne. Pourriez-vous le blâmer? Son frère osa le faire : tout en partageant sa faiblesse, mais honteux, il détourna la tête avec un sourire de fierté, et se hâta d'essuyer la larme qui le faisait rougir.

XXI.

L'aurore a lui; la cloche de matines a cessé depuis long-temps de retentir dans le cloître de Sainte-Brigite. Une ancienne sœur accourt à la cellule d'Isabelle et s'écrie : — Hâtez-vous, jeune princesse, hâtez-vous; un noble étranger vous attend à la grille. Les pauvres recluses de Sainte-Brigite n'ont jamais vu chevalier à l'air si imposant; c'est à lady Isabelle qu'il veut parler, a-t-il dit. — La belle princesse était agenouillée pour réciter son rosaire; elle se lève et répond : — Qu'il vous confie son message; je ne puis entretenir un inconnu. — Sainte-Brigite m'en préserve, madame, reprit la tourière en se signant; je ne voudrais pas pour le titre de prieure refuser un aussi grand seigneur. — Eh! quoi donc, dit Isabelle, les grandeurs de la terre peuvent-elles quelque chose sur une sœur de votre ordre? Êtes-vous, comme les femmes mondaines, éblouie par un vain éclat? —

XXII.

— Non, madame; depuis long-temps les pierreries et le faste n'ont aucun prix à mes yeux; mais un vain cortège n'indique point le rang de l'étranger, un jeune page forme toute sa suite. C'est l'aspect, le regard et l'accent de ce seigneur qui imposent. Sa haute stature le fait ressembler à une tour; mais elle est si parfaite dans ses proportions, qu'elle ne manque ni d'aisance ni de graces. Ses cheveux, noirs comme le jais et déjà nuancés par la neige de l'âge, se bouclent sur son front comme les festons de la vigne. L'habitude des combats a laissé un air farouche dans ses traits majestueux; mais il y a tant de dignité dans ses regards, que, malheureuse et suppliante, je serais sûre de trouver dans ce guerrier bienveillance et protection; coupable, je le redouterais plus que la sentence qui m'aurait condamnée au trépas. — Assez, interrompit la princesse; c'est l'espoir de l'Écosse, sa joie, son orgueil; jamais le front des vulgaires mortels ne fut si auguste et si imposant : c'est l'élu du ciel qui est rendu enfin à la patrie : hâte-toi, Mona, hâte-toi d'introduire mon frère chéri, le roi Bruce.

XXIII.

Le frère et la sœur s'embrassent, avec le sentiment qu'éprouvent des amis qui se sont quittés avec douleur et qui ne se revoient qu'avec une espérance douteuse. Mais quand les premières émotions de cette entrevue furent calmées, Bruce promena ses regards dans l'humble cellule, sur la muraille nue et le lit de veille. — Et ce sont là, ma pauvre Isabelle, dit-il, ta demeure et ta couche royales! Les riches étoffes et les joyaux qui conviennent à ton rang sont donc remplacés par un simple rosaire et une ceinture de crin! Au lieu des fanfares du clairon qui annoncent les banquets ou les jeux de la cour, c'est la triste voix de la cloche qui t'appelle à la prière et à la pénitence! Malheureuse sœur de celui qui a hérité des droits du premier David, pourquoi faut-il que la fortune des armes ait trahi la justice de ma cause!

XXIV.

— Laisse ces vains regrets; sois l'inébranlable Bruce, s'écria-t-elle : je serais moins glorieuse de devoir une couronne au hasard, que d'avoir partagé tes disgraces lorsque ton bras s'arma pour la défense de la patrie. Ne t'afflige pas si je ne me laisse plus égarer par le rêve trompeur des joies du monde. Le ciel a daigné jeter un coup d'œil sur mon inexpérience et me préserver du naufrage. Il m'a éprouvée avec toute la sévérité de ses jugemens! La ruine de ma maison, ta défaite, la mort de Nigel, ont subjugué mon cœur; j'ai fixé toutes mes espérances dans le ciel : les vaines grandeurs ne me séduiront plus dans ce monde du péché.

XXV.

— Non, Isabelle, répondit Bruce, non, avant de faire ce choix, écoute la voix de ton frère... Réfléchis bien ; crains que dans la pénitence du couvent de plus douces pensées ne viennent te distraire... Peut-être le souvenir de ce chevalier inconnu, vainqueur au tournoi de Woodstock... Tu rougis; que dirais-tu s'il mettait à tes pieds un laurier plus brillant encore? — L'œil pénétrant de Bruce avait aperçu la rougeur passagère d'Isabelle, aussi rapide que le dernier rayon du jour qui colore la nue et s'évanouit aussitôt. Mais Isabelle répondit avec un regard assuré : — Je devine l'intention de mon frère; car la renommée a pénétré jusque dans ce cloître silencieux, et nous a appris que la voix de Ronald a rangé tous les habitans des îles sous ses nobles drapeaux. Mes yeux m'ont déjà fait reconnaître que le chevalier vainqueur du tournois et le brave lord Ronald ne sont qu'un. Si, libre de tout autre lien, il eût brigué plus tôt mon alliance, son nom et l'appui de mon frère auraient peut-être... Mais fais éloigner ce page; je ne puis te répondre devant lui.

XXVI.

Le page se tenait à l'écart autant que pouvait le permettre l'étroite enceinte de la cellule. L'œil troublé, le cœur ému, il s'appuyait sur l'épée de Bruce. Chargé aussi du manteau du monarque, il s'en couvrait le visage. — Ne crains rien de ce témoin, dit Robert, je lui dois la vie. Il quitte rarement mon côté; je suis sûr de sa discrétion, puisque la nature l'a condamné à un éternel silence. Sa douceur est sans égale; je veux qu'il habite dans la cellule du père Augustin, et qu'il consacre ses services à ma sœur Isabelle. Ne fais point attention à ses larmes; je les ai vues couler comme l'onde qui s'échappe des monts au retour du printemps; c'est un jeune ménestrel qui mérite tout notre intérêt, mais trop timide pour braver les dangers et les flots; ceux qui veulent suivre Bruce doivent savoir lutter contre l'orage. Continue, ma chère Isabelle : que dois-je répondre à lord Ronald?

XXVI.

— Eh bien! que Ronald apprenne que le cœur qu'il désire obtenir n'appartient plus qu'à Dieu. Mon amour fut comme la tendre fleur d'été qui se flétrit dans la saison des frimas; enfant de l'orgueil et de la vanité, il s'est évanoui avec les brillantes chimères qui l'ont produit. Si Ronald insiste, dis-lui qu'il est lié à celle qui reçut sa foi; l'anneau de l'hymen, ses sermens sur la croix et son épée sont des nœuds sacrés qui l'enchaînent. Et toi, Robert, qui plaides ici pour lui, je t'ai vu te déclarer le protecteur d'une femme malheureuse. Le danger te menaçait de près; les Anglais étaient à ta poursuite; la retraite était pour toi le seul moyen de salut; tu entends les cris d'une femme dans les douleurs de l'enfantement; soudain tu fais retourner et arrêter tes guerriers; tu braves tous les efforts de l'ennemi plutôt que d'abandonner, en lâche chevalier, une femme dans la détresse à des soldats impitoyables. Voudrais-tu donc aujourd'hui refuser ton assistance à une fiancée opprimée et outragée, soutenir la perfidie de Ronald et m'imposer la loi de favoriser son inconstance? J'en atteste le ciel! si les sentimens terrestres qui émurent jadis mon cœur n'étaient pas tous immolés à l'espérance d'une autre vie, je repousserais les hommages de Ronald jusqu'à ce qu'il eût déposé à mes pieds l'anneau nuptial et un écrit de celle qu'il dédaigne, pour attester qu'elle le dégage de sa foi.

XXVIII.

Cédant à une impulsion soudaine, le page s'élance vers le sein d'Isabelle ; puis, revenant à lui-même, il baisse la tête au même instant, fléchit le genou, baise deux fois la main de la princesse, se relève, et sort de la cellule. Isabelle interdite rougit, et se montre irritée de cette hardiesse ; mais le bon roi Robert s'écrie : — Pardonne-lui, ma sœur,... mon page s'exprime par signes ; il a entendu quel emploi je lui destine, et il n'a pu retenir les transports de sa joie... Mais toi, chère Isabelle, réfléchis au choix que tu veux faire, et crois que je ne veux point agir en tyran, ni pour te contraindre au don de ta main et de ton cœur, ni pour souffrir que Ronald outrage pour toi la fille de Lorn. Penses-y donc bien ; il n'y a pas long-temps encore que tu aimais à soupirer en secret, et que les chants que tu préférais étaient toujours ceux d'une tendresse malheureuse. Aujourd'hui que te voilà libre, c'est le cloître qui est l'objet de tous tes vœux. Ah ! si notre frère Edward connaissait ce changement, comme son humeur satirique trouverait un beau texte à s'exercer sur les caprices des femmes !

CHANT QUATRIÈME.

XXIX.

— Mon frère, répondit Isabelle, je ne serais pas surprise des sarcasmes d'Edward; bon, mais franc avec rudesse, il fut toujours ennemi de la contrainte et des pensées rêveuses; mais toi, tu es d'un autre caractère. Je te charge donc de dire à Ronald, répéta-t-elle, que, s'il ne dépose à mes pieds l'anneau qui engagea sa liberté il doit s'abstenir de rechercher ma main : que cet anneau soit volontairement rendu par Edith. Mais, quand même il serait affranchi du nœud qui l'enchaîne, je ne promets point de préférer un époux à l'ombre du cloître. Adieu, mon frère, adieu pour un temps ; la cloche m'appelle à d'autres devoirs.

XXX.

— La voilà perdue pour le monde, dit Bruce en quittant cette fille des rois. Quelle pierre précieuse sera ensevelie dans ce cloître ! Hélas ! c'est la main cruelle du malheur qui a détruit dans ce jeune cœur les tendres sentimens de l'amour ?... Mais qu'ai-je à faire avec l'amour? des soins plus sérieux réclament mes pensées.

— Nous ne pouvons demeurer dans cette île; d'ailleurs elle ne suffirait bientôt plus à nos besoins : vis-à-vis, sur le continent, sont les tours de Turnberry, qui attendent mes troupes... Le vieux chapelain de mon père, Cuthbert, qui habite toujours ce rivage, ne pourrait-il pas m'avertir, par la flamme d'un signal, de l'heure propice du départ?... Espérons; un ami fidèle lui portera mon message : c'est Edward qui trouvera le messager. Si une fois cette forteresse est en notre pouvoir, la flotte des Îles se réunira sur la côte de Carrick.

— O terre d'Écosse ! pourrai-je enfin venger tes outrages dans un combat; lever mon front victorieux, et voir la liberté rendue à tes collines et à tes vallons : ce spectacle de bonheur est tout ce que je demande au ciel avant de mourir.

En prononçant ces paroles, il descendait lentement le coteau, s'arrêtant souvent d'un air pensif. Il arrive enfin au lieu champêtre où son armée avait assis son camp.

FIN DU CHANT QUATRIÈME.

LE
LORD DES ILES.

CHANT CINQUIÈME.

I.

Les rayons de l'aube matinale éclairent le beau Loch-Ranza. La fumée s'élève en légers nuages des cabanes du hameau solitaire qu'une baie profonde et une chaîne de montagnes séparent du reste du monde.

Le pêcheur a déroulé sa voile ; le berger mène ses chevreaux sur la cime escarpée du Ben-Ghoil. Assise devant la porte de sa chaumière et ranimée par la chaleur vivifiante du soleil, la vieille ménagère tourne ses fuseaux... Partout les mortels se réveillent au travail et aux soucis.

Les sons d'une cloche à demi couverte de mousse appellent à d'autres devoirs les vierges des couvens. Les prières sont dites; le saint sacrifice est accompli; chaque sœur, docile à la règle, entre dans sa cellule pour réciter son rosaire. Isabelle s'agenouille pour prier dans le recueillement; un rayon du soleil, s'échappant à travers l'étroite jalousie, tombe sur son cou d'albâtre et sur ses cheveux noirs, qui ombragent sa tête dévotement inclinée.

II.

Sa prière est finie; elle lève les yeux. Soudain elle aperçoit sur le plancher une bague enrichie d'un diamant, et lit ces mots sur un papier fixé à la bague par un fil de soie : — A lady Isabelle. — Elle l'ouvre : — Cette bague fut jadis le gage de sa foi. Je la lui rends ainsi que ses promesses : je cède mes droits sur sa main à celle qui possède son cœur. O vous, qu'attend une meilleure destinée, ne refusez pas un soupir de compassion à l'infortunée Edith de Lorn! — Un rayon de plaisir brilla dans les yeux d'Isabelle étonnée, mais il s'évanouit aussitôt, et la honte, qui colora son front, la punit de ce mouvement de joie.

— Loin de moi, sentimens indignes de ma famille; pensées viles et coupables qui avez fait battre mon cœur en voyant les espérances d'une rivale déçues!

— Gage des sermens qui lièrent un homme ingrat à une fiancée trop crédule, tu ne séduiras pas Isabelle. Je te placerai dans un lieu où meurent toutes les pensées du monde, où toutes les grandeurs de la terre perdent leur éclat imposteur. — A ces mots, Isabelle déposa la bague au pied de son crucifix.

III.

Une autre réflexion s'éleva bientôt dans son ame... Celle à qui cette bague appartient est loin de ces lieux! Comment ce bijou a-t-il pu lui arriver à travers ces grilles et ces verroux?

Mais le grillage de la fenêtre est entr'ouvert, Isabelle regarde; elle voit la rosée du matin légèrement foulée. Sur le mur tapissé de mousse, elle suit l'empreinte d'un pied qui, en glissant, avait détaché la verdure; les branches de lierre étaient arrachées et entrelacées comme pour faciliter une escalade. — Quel est le hardi messager qui a pu tenter une telle entreprise? Je conçois d'étranges soupçons. Mais Mona vient à moi; rien n'échappe à son œil curieux. — Ma bonne mère, dites-moi quels sont les étrangers qui sont entrés aujourd'hui dans cette sainte demeure? — Madame, il n'en est venu aucun de distinction : seulement le page de votre frère est arrivé à la pointe du jour. Je l'ai invité à se rendre à la chapelle où l'on disait la sainte messe; mais il a fui plus rapide que la flèche. Des larmes semblaient rouler dans ses yeux.

IV.

A ces mots, la vérité se montra aux yeux d'Isabelle, comme un rayon de soleil échappé de la nue. — C'est Edith elle-même... Sa douleur muette, sa démarche, ses regards m'expliquent assez ce mystère. Ma chère Mona, qu'à l'instant on descende à la baie, qu'on prie le roi de venir dans ma cellule, et d'amener avec lui ce jeune page muet qu'il aime avec tant d'affection. — Eh quoi! madame, ignorez-vous que, dès la pointe du jour, le roi a quitté ce rivage! Mes yeux affaiblis par les ans ont vu, du haut de la tour, le départ des guerriers.

Hier, ils ont campé au milieu de la forêt, et au lever de l'aurore le cor de leur vaillant prince s'est fait entendre ; ils ont pris leurs rangs ; leurs lances ont brillé à travers les armes et les broussailles. Dans leur empressement, ils sont partis sans avoir imploré la protection du ciel, semblables aux cerfs qui, le matin, secouent les gouttes de rosée dont la nuit les a couverts, relèvent fièrement leur tête ornée de rameaux, et s'enfuient vers la plaine. — Mais en quels lieux mon frère a-t-il porté ses pas? — J'ai appris qu'il se dirigeait vers la baie de Brodick, où l'attendent, à ce qu'on assure, une vingtaine de barques qui doivent le porter, au premier signal, aux rivages de Carrick. — Si tel est son dessein, ajouta l'inquiète Isabelle, il faut se hâter... Faites venir auprès de moi le père Augustin. — La nonne obéit, et le moine arriva bientôt.

v.

— Mon père, allez en toute hâte à la baie de Brodick : soyez mon messager auprès de Bruce. Dites-lui que je le conjure, au nom du ciel, de ne point quitter ce rivage avant de m'avoir parlé. Ou bien, si ses projets ne souffrent aucun retard, qu'il vous confie ce jeune page muet qui fait partie de sa suite ; dites-lui que c'est une grace que lui demande Isabelle, et qu'elle a des motifs qu'elle ne peut expliquer. Allez, bon père, songez que votre diligence peut donner ou la vie ou la mort. — Le vieux prêtre se couvrit de son capuchon, s'appuya sur son bâton noueux, chaussa ses sandales, et, semblable au pèlerin courbé par l'âge, il se mit en route.

vi.

Les pas de la vieillesse sont tardifs ; le trajet était long et pénible ; mais il n'y avait dans ce lieu aucune autre personne à qui l'on pût confier cet important message. Le moine chemina lentement au milieu des taillis. Il suivit le cours de maints torrens qui, se précipitant avec fracas du sommet des montagnes, roulaient en mugissant leurs eaux rapides, et se brisaient en brillante écume. Le sauvage courlis voltigeait sans crainte autour du vieillard. Il traversa des chemins bordés de précipices dont les anfractuosités demandaient un œil vigilant et une démarche assurée. Le voyageur reposa son front sur ces pierres druidiques, antiques autels de nos pères; et, au milieu des monumens solitaires des héros païens, il murmura une humble prière pour ceux qui moururent avant que le soleil de Siloé se fût levé pour eux. Il s'agenouilla au pied de la croix de Macfarlane, dit son rosaire sous l'ombrage, et apaisa sa soif dans l'onde du ruisseau voisin. De là, poursuivant sa route, il gravit, à l'approche de la nuit, la colline qui porte sur sa cime verdoyante les gothiques tours de Brodick. Douglas les avait enlevées les armes à la main au dernier des Hastings, vassal de l'Angleterre. Le soleil, en se couchant derrière l'île, la colorait encore de ses derniers rayons.

VII.

Malgré l'approche de la nuit, tout était en mouvement dans la baie de Brodick. Les soldats de Bruce s'étaient déployés sur le rivage. Les uns démarrent les navires et les chaloupes, d'autres déroulent les voiles ou agitent les rames. Leurs yeux se tournent souvent vers un point lumineux qui brillait à l'horizon et que l'on aurait pris pour une étoile de la voûte azurée, si cette lumière eût été moins vive et moins étendue. Ce feu lointain brillait au sud. Au déclin du jour, sa clarté semblait pâle et mourante; mais quand la nuit eut jeté son voile sombre sur les rivages de Carrick, la flamme resplendissait de plus en plus.

Les pas appesantis du moine foulent les sables du rivage; il se trouve au milieu d'un spectacle étrange pour un ministre des autels. Ce sont des guerriers qui s'arment pour le combat, et qui préparent leurs bagages de guerre. Leurs mains agitent des lances et des haches; souvent les oreilles du saint homme sont frappées par un langage auquel elles étaient peu accoutumées. Les chefs hâtent l'embarquement, et, bouillans comme la vague de l'orage, ils parlent aux soldats avec les mots impérieux de l'impatience.

VIII.

Le moine traversa cette armée, et parvint jusqu'à Bruce. Il le trouva appuyé contre une galère restée à sec sur le rivage, et que la marée montante devait remettre à flot. Bruce comptait chaque vague qui s'enflait sur la grève, et qui venait baigner les flancs du navire. Il tournait parfois ses regards vers ce feu lointain, fixait son baudrier et agitait son épée dans le fourreau. Edward et Lennox étaient auprès de lui. Douglas et Ronald pressaient l'embarquement des troupes... Le moine s'approche du roi, et s'incline en sa présence. — Êtes-vous arrivé de si loin, lui dit Bruce, pour nous bénir avant notre départ? — Prince, sujet loyal, j'invoquerai le ciel pour le succès de vos armes : mais j'ai une autre demande à vous faire. Alors il lui exposa le message d'Isabelle. — Par saint Giles, s'écria le roi, vous me désespérez; ce matin j'ai envoyé le page à Sainte-Brigite avec l'ordre exprès d'y demeurer. — Il y est venu, nous a dit la tourière; mais, seigneur, son séjour n'a pas duré long-temps.

IX.

— Edward prit alors la parole : c'est moi qui ai trouvé pour le page une mission plus importante. Je cherchais dans mon inquiétude un messager qui fût habile à porter vos ordres à Cuthbert : le hasard m'a fait entrer à la pointe du jour dans une chapelle où l'on célébrait la messe; là, j'ai vu le page muet assis sur un tombeau et pleurant sur sa jeunesse destinée à l'obscurité des cloîtres. Je lui ai proposé cette mission. Aussitôt la surprise et la joie ont rayonné dans ses yeux. Il s'est élancé dans un léger esquif, le vent propice enflait sa voile, et je vois qu'il a rempli fidèlement mes ordres; car le feu qui brille à l'horizon nous annonce que Clifford garde négligemment le château de nos pères.

X.

— Imprudent! s'écria le roi, comment as-tu pu avoir la barbarie d'exposer à un pareil danger un orphelin, un enfant, incapable de fuir, incapable de se défendre, et qui ne peut même implorer la pitié. Oui, si le ciel m'avait rétabli dans mes droits, j'aurais donné ma couronne plutôt que d'exposer ainsi cet enfant sans défense. — Mon frère et mon roi, répondit Edward partagé entre la colère et le respect, je m'attendais peu à de pareils reproches. J'ai cru qu'un messager étranger s'introduirait dans la demeure du chapelain plus facilement qu'aucun de nos chevaliers, qui tous y sont connus. Sa présence ne sera pas remarquée. Son intelligence est active, et son malheur sera sa défense. S'il est découvert, on ne devinera jamais le but de son voyage; et s'il est arrêté, sa bouche ne peut le trahir... D'ailleurs, cette flamme propice mériterait le pardon d'une faute plus grave encore que la mienne. — Ta conduite fut imprudente, reprit le roi ; mais à présent tous ces discours sont superflus. Hâtons-nous de partir. Bon père, racontez à Isabelle quel malheureux hasard m'empêche de la satisfaire. Si la victoire nous sourit, j'aurai soin de lui rendre ce page. Allez porter mes félicitations à ma sœur ; ne nous oubliez pas dans vos prières.

XI.

— Ah ! répondit le prêtre, tant que cette faible main pourra élever le calice et faire un signe de croix, tant que ma voix cassée par l'âge pourra prononcer quelques paroles, jamais le roi Bruce ne sera oublié du fidèle Augustin. Alors Ronald s'approcha de lui et lui dit à voix basse : — Portez ces paroles à la princesse ; dites-lui que, puisque je combats sous les drapeaux de Bruce, pour l'Écosse et la liberté, je la supplie de permettre à son chevalier de porter quelque marque de son suffrage ; elle brillera sur mon cimier et fera trembler les plus braves chevaliers de l'Angleterre. Quant à ce page, des soins plus importans vont réclamer l'attention de Bruce : c'est Ronald qui veillera sur lui. Mon manteau lui servira de couche, mon bouclier de défense. A ces mots, le chevalier cessa de parler, car déjà l'effort de mille bras vigoureux avait lancé les barques à la mer. Elles étaient au nombre de trente ; chacune portait cent quatre-vingts hommes d'élite ; et c'était avec de telles forces que Bruce allait conquérir ou l'empire ou la mort.

XII.

Toutes les barques sont à flot ; elles se balancent sur le vaste Océan. Les équipages sont prêts. Déjà les vagues brisées sous l'aviron jaillissent en étincelles argentées ; la flotte s'éloigne ; l'armure des guerriers ne renvoie plus au rivage que des éclairs affaiblis ; le murmure lointain des voix se confond avec celui des bardes.

— Daigne les protéger, ô mon Dieu! dit le prêtre en voyant les barques glisser sur les flots; quand les glaives sont tirés du fourreau pour l'indépendance des peuples et les droits des monarques, c'est de ta propre cause qu'il s'agit : ordonne que les coups de ces fils de la liberté portent une double blessure ; renverse les étendards ennemis ; et que les nations reconnaissent que la victoire vient de Dieu seul.

Quand il eut gravi la colline, Augustin se retourna pour bénir encore une fois la flotte de Bruce. Ses yeux la suivirent long-temps jusqu'à ce qu'elle eût entièrement disparu. Alors il dirigea ses pas vers la tour de Brodick qui lui offrit un asile pour la nuit.

XIII.

Ils ont perdu de vue ces lieux enchanteurs où les îles de Cumray bordent d'une ceinture de feuillage le bassin de la Clyde ; les bois de Bute fuient au loin sur les flots ; les matelots joyeux frappent de l'aviron le sein paisible de l'Océan ; et les chevaliers, plus accoutumés à manier la lance, se mêlent aux rameurs. La lune à demi voilée jette des rayons pâles et obscurs sur les voiles blanchissantes. Les pilotes dirigent leur gouvernail vers cette lumière qu'on aperçoit au loin : des cris souvent répétés (tel était l'ordre du roi pour que toutes les galères abordassent à la fois) avertissent les navires de presser ou de ralentir leur course. La flotte s'avance ainsi vers les terres de l'ouest. Bientôt elle va toucher les rivages de Carrick. Elle voit les feux du signal croître rapidement. Cette lumière, qui, de loin, ressemblait à peine à une étoile solitaire, brille maintenant comme une flamme majestueuse qui jette un vif éclat. Elle embrase le ciel et s'étend sur les flots. Les rochers de la côte et les îles voisines semblent nager dans un océan de lumière. L'oiseau de mer ébloui pousse un cri d'alarme et disparaît sous la vague écumeuse. Le cerf s'enfuit dans les taillis lointains ; et le coq, croyant saluer les rayons de l'aurore, fait entendre son chant matinal. Bientôt toute la plaine paraît enflammée comme si un vaste incendie dévorait un antique château. — Eh bien! mon frère, que pensez-vous, dans votre sagesse, de mon rusé de page ?

— Qu'on avance toujours, répliqua le roi; nous apprendrons bientôt la vérité, quelle qu'elle puisse être; car le page et le chapelain n'auraient pu allumer seuls de semblables signaux.

XIV.

Cependant les galères s'approchaient de la côte. — Celle d'Edward s'engagea dans le sable. Alors l'impatient chevalier s'élança dans la mer; et, ayant de l'eau jusqu'à la ceinture, il aborda le premier au rivage, quoique les soldats de chaque galère se disputassent l'honneur de sauter à terre les premiers ; soudain cette étrange lumière, qui, de loin, semblait immobile comme l'étoile polaire, parcourt les airs, semblable au char enflammé du prophète; les casques, les haches et les lances en réfléchissent le miraculeux éclat, et les soldats distinguent la figure de leurs camarades pâles de terreur. Mais déjà la clarté disparaît, et l'obscurité couvre tout le rivage.

Ronald implore le ciel; l'intrépide Douglas fait le signe de la croix : — Grand saint Jacques, veille sur nous, s'écrie Lennox. Mais Edward, avec un air d'insouciance, dit à part à Kirkpatrick : — Penses-tu que ce soit l'ame irritée de Comyn qui nous soit apparue dans cette flamme ; et n'oserais-tu plus changer en certitude le doute de sa mort (1)?... — Silence, interrompit le roi, nous saurons bientôt si ces feux sont une vaine apparition ou un stratagème de nos ennemis. La lune brille à l'horizon ; que chaque chef range ses soldats sur la plage.

XV.

La clarté douteuse de la lune n'avait remplacé que faiblement l'éclat de cette lumière surnaturelle dans la baie silencieuse et sur les sables humides. Le roi Bruce formait les rangs de ses soldats sous l'abri des rochers, lorsqu'on aperçut le page muet se glissant le long d'un sentier qui menait à la mer. Il fléchit respectueusement le genou sur le sable, et remit à Bruce un rouleau de papier. — Qu'on apporte une torche, s'écria le monarque, nous allons savoir ce que nous mande Cuthbert.

Cuthbert ne donnait que de tristes nouvelles ; l'armée de Clifford était nombreuse, et se tenait sur ses gardes ; ce matin même elle avait été renforcée d'une troupe de montagnards commandée par le baron de Lorn. Le courage et la fidélité n'habitait plus cette terre depuis long-temps flétrie par un joug cruel. Le sombre sommeil de l'esclavage s'était appesanti sur les habitans de Carrick.

Cuthbert avait vu la flamme du signal sans en deviner la cause ; dans la crainte de quelque trahison, il

---

(1) Voyez la note 7 du chant II.

renvoyait le messager muet d'Edward, pour avertir le roi du danger qu'il courait en abordant à ce fatal rivage.

XVI.

Les chefs s'étaient rassemblés autour de la torche. Bruce lut à haute voix ces nouvelles inquiétantes. — Maintenant, nobles chevaliers, dites quel est votre avis? Nous mettrons-nous en embuscade dans les bois, attendant une chance favorable pour terminer notre entreprise, ou faut-il regagner nos navires pour fuir dans un nouvel exil? Le farouche Edward répondit :—Advienne ce qu'il pourra, les seigneurs de Carrick doivent rester à Carrick. Je ne voudrais pas que jamais ménestrel pût dire qu'un météore ou un feu follet nous fit reculer. Si le roi entre vainqueur dans ces remparts, ce premier succès réveillera la fidélité dans tout ce qu'il y a de cœurs nobles et généreux. — Quelle honte, ajouta lord Ronald, si Torquil, venant au rendez-vous, trouvait qu'après tant de vaines forfanteries, nous avons abandonné ces rivages sans frapper un seul coup. Je ne puis croire que cette terre si féconde en cœurs généreux, la nourrice de Bruce et de Wallace, puisse long-temps transiger avec ses tyrans. — Il faut tenter la fortune, s'écrièrent en même temps Boyd, Delahaye, Lennox et tous les chefs. Bruce se rendit à leurs désirs. — Les fiers habitans du sud se sont établis dans mon château, dit-il, mais l'heure n'est pas loin où je vais, à la tête de mes braves guerriers, forcer Clifford d'acquitter sa dette. Qu'on me suive, ces bois et ces sentiers me sont connus, je vais vous conduire dans un asile assuré.

XVII.

Que vous répondrais-je maintenant, si vous me demandiez d'où venait cette lumière merveilleuse dont la clarté trompa nos guerriers? On n'a jamais su qui l'alluma; mais nos ancêtres superstitieux ont cru que ce ne fut point une main mortelle. On dit encore que tous les ans, dans la même nuit où Bruce débarqua sur la côte de Carrick, la même lumière colore d'une teinte rougeâtre les montagnes et les vallées, la plage et l'Océan. Mais que ce soit une lumière céleste qui favorisa la descente du roi, ou un feu sorti de l'enfer pour l'attirer à sa défaite et à la mort, ou peut-être encore un de ces étranges météores qui trompent parfois le voyageur égaré, c'est ce que j'ignore... et ce qu'on ignorera toujours.

XVIII.

L'armée de Bruce se dirigeait dans un défilé hérissé de rochers; Ronald, fidèle à sa promesse, donnait le bras au jeune page pour l'aider à marcher dans ce sentier difficile.

— Courage, pauvre Amadine (c'est le nom que les pirates avaient donné à leur captif)! pourquoi ton cœur palpite-t-il? N'es-tu pas appuyé sur mon bras? N'es-tu pas réchauffé par les plis de mon manteau? Cette triple peau de buffle ne forme-t-elle pas un bouclier suffisant pour nous deux? L'épée du clan de Colla n'est-elle pas d'un bon acier? Page timide, peux-tu sentir encore la crainte? Allons, courage, que ton cœur se rassure: Ronald ne cessera jamais de veiller sur toi.

Il arrive quelquefois qu'une flèche lancée au hasard atteint le but que l'archer ne visait pas; souvent une parole prononcée sans dessein flatte ou déchire un cœur malheureux partagé entre le plaisir et la crainte: le page se pressait contre Ronald. Le sentiment d'une joie délirante lui fit oublier ses terreurs, sa lassitude et ses chagrins; l'amour absorba toutes ses pensées.

XIX.

Les soldats ont franchi les barrières de ces sombres rivages et la cime escarpée des rochers. Sur les remparts du château lointain l'on entend les sentinelles s'appeler; leur voix retentit dans la plaine et sur la mer: elle prouve la vigilance de l'ennemi.

Bruce a atteint le vaste parc du château. N'en cherchez plus l'auguste ombrage, la hache, la charrue ont tout détruit; mais il existait alors des bouquets d'arbres qui ornaient cette plaine couverte d'un tapis de verdure; ici de belles et hautes fougères couvraient le vallon, et donnaient un asile au faon timide; là on voyait quelques tertres élevés, qu'ombrageaient des taillis verts et touffus. A l'entour régnait une pelouse digne d'être foulée par des fées. Le houx aux feuilles lustrées se plaisait dans ces lieux; l'if y projetait son ombre épaisse; de vieux chênes cicatrisés par la faux du temps y dominaient avec leurs rameaux desséchés. La lune caressait amoureusement de ses rayons cette belle plaine, ces monticules, ces clairières et ces vallons. Bruce soupira à l'aspect de ces lieux qu'il avait tant aimés dans son enfance. Il était libre alors, et aujourd'hui il erre comme un proscrit sous ces ombrages silencieux.

XX.

Les guerriers hâtent leurs pas: ils connaissaient cette marche mesurée par laquelle une troupe s'avance en bataillons serrés dans une retraite ou dans une charge. Malheur à eux si l'aurore les surprenait dans la plaine découverte. Ils traversent les taillis et les ruisseaux, foulent aux pieds tour à tour les sables et la mousse ; les gouttes d'une sueur froide ruissellent sur le front abattu du jeune page. Il traînait avec peine ses pas languissans. — Courage, lui dit Ronald ; encore quelques efforts. Je vais t'aider à supporter la fatigue. Mes bras sont vigoureux ; il me sera facile de porter un fardeau aussi léger que toi. Eh quoi, tu me refuses ! enfant capricieux. Eh bien je te laisse à tes propres forces..... Encore cette nuit, et je veux te placer auprès d'une belle dame ; là tu accorderas ton luth pour dire combien Ronald aime Isabelle. — A ces mots, épuisé par la fatigue et la douleur, Amadine abandonne le manteau ; ses membres tremblans lui refusent leurs secours ; il tombe au milieu de la rosée du soir.

XXI.

Que faire ? Le jour va luire, l'armée de Bruce avance à pas précipités, et ce serait pour Ronald une honte éternelle s'il ne combattait pas au premier rang. — Vois ce chêne, dit-il, le temps a creusé son tronc comme une grotte obscure ; entre dans cet asile, tu t'y reposeras enveloppé dans un manteau. Je ne serai pas loin ; tu peux m'en croire ; mais il ne m'est pas possible d'abandonner l'armée. Je saurai reconnaître l'arbre qui te cache, et tu me verras bientôt de retour pour te mettre hors de danger. Allons, sèche tes larmes, pauvre enfant !..... dors en paix, et réveille-toi au bonheur. — Ronald ayant caché le page dans cette étroite retraite, continua sa route et atteignit bientôt l'armée.

XXII.

Ainsi délaissé, le jeune page pleura et sanglota long-temps ; mais la fatigue l'emportant sur la douleur, il s'endormit..... Les accens d'une voix rauque interrompirent son sommeil. — Oui, c'est ici, près de ce bois que la bête a passé..... — Le vieux Ryno s'est arrêté sous le chêne! — Que vois-je! un manteau écossais, un jeune enfant enveloppé dans ses plis! Allons, dehors; quel est ton nom? que fais-tu ici?... Comment, il ne répond pas?... Ha, ha, je le devine; tu es cet espion envoyé à Cuthbert, et arrivé d'Arran hier matin..... Camarades, retournons, notre seigneur trouvera un moyen pour rendre la parole à cet espion muet..... Donne-moi la corde de ton arc pour le garotter. Mais il pleure, je crois; il a l'air tout effrayé; eh bien! nous le conduirons sans liens. N'aie point de peur... C'est un bel enfant, ma foi, pour un Écossais! Les chasseurs conduisirent sans délai leur pauvre prisonnier.

XXIII.

Le vaillant Clifford se préparait dans la cour de son château à la chasse du matin. Tantôt il s'entretenait avec Lorn, tantôt il s'occupait des chiens et des coursiers. Les palefrois et les chevaux de bataille, dans leur impatience, creusaient la terre avec leurs pieds; les chiens de chasse aboyaient..... Amadine, en entendant la voix trop connue du baron de Lorn, qui se mêlait au bruit des fanfares, crut être abusé par les visions que donne le délire de la fièvre; ces accens le troublèrent, comme ces sons de douleur que l'imagination du rêveur solitaire croit distinguer au milieu du mugissement des vagues et du sifflement des tempêtes. Mais les paroles des deux Chefs frappèrent bientôt plus distinctement les oreilles du page.

XXIV.

— C'est donc ainsi qu'elle vous fut enlevée? disait Clifford. Soyez sûr que le moine s'en repentira. Mais vous l'avez interrogé, que dit-il?—Il avoue qu'Edith déguisée entra dans son esquif; il fut le seul à la connaître. Il ajoute qu'une barque partie de Lorn, les aborda le même jour, et que les pirates firent ma sœur captive. Le moine offrit de l'or pour prix de sa rançon, et ils l'acceptèrent; mais avant qu'on fût d'accord, le vent souffla avec violence, les vagues se soulevèrent en mugissant; les deux navires furent séparés, et depuis lors ils ne se sont plus revus. Telle était la violence de la tempête, que le vaisseau, l'équipage, la jeune fugitive, tout fut abîmé sous les flots. Fasse le ciel qu'il en soit ainsi ; qu'une vague ait englouti avec Edith la honte qu'elle a imprimée à sa noble race! Il eût mieux valu pour elle qu'elle ne fût jamais née, que d'avoir couvert de déshonneur le nom glorieux de Lorn.

XXV.

En cet instant Clifford aperçut le captif:—Que nous amènes-tu là, Herbert? lui cria-t-il.—C'est un espion que nous avons trouvé blotti dans le creux d'un chêne. — Et que dit ce jeune homme?...—Rien; car il fait le muet. — Eh bien, qu'on fasse un nœud coulant à cette corde, à moins que le vaillant Lorn ne s'oppose à l'exécution de la sentence, en faveur du plaid que porte le captif. — C'est un tartan de Colla, dit Lorn dont les regards indifférens se portaient sur le vêtement plutôt que sur les traits du jeune homme; ce sont les femmes de ce clan qui préparent ce tissu. Ni le manteau ni celui qui le porte n'ont de droit à ma protection. Si on veut m'en croire, il faut l'attacher au vieux chêne et le balancer dans les airs jusqu'à ce que l'effroi lui délie la langue; qu'il ne meure pas sans les rites funèbres de sa tribu... Angus-Roy, assiste à l'exécution, et fais entendre le chant de mort de Clan-Colla.

— Frère toujours cruel! dit en lui-même le captif; mais ces mots ne passèrent pas ses lèvres; ferme dans sa résolution, il soupira le mot d'*adieu* sans le prononcer.

XXVI.

Sa constance ne sera-t-elle pas ébranlée à l'aspect du trépas? Un seul mot suffit pour lui rendre la vie et la liberté. Amadine restera-t-il sourd à cette voix de l'instinct qui nous crie de tout sacrifier à la conservation de l'existence? Mais l'amour, aussi puissant que la mort, a fortifié son cœur, et lui donne une force surnaturelle. Il ne succombera point; le mot qu'il prononcerait livrerait Ronald à l'épée de son ennemi.

Le chant de mort du clan de Colla retentit au loin; l'exécuteur de la sentence est auprès du page. Les voilà dans le parc. Ils arrivent sous le vieux chêne destiné au supplice. Quelles sont les pensées d'Amadine lorsque ses regards cherchent en vain dans la plaine quelque espoir de secours? quelles sont ses pensées quand son oreille effrayée entend les prières de la mort? Se résoudra-t-il à cette mort barbare; ou son secret sortira-t-il de son cœur? La terreur couvre son front d'une sueur froide; ses lèvres sont devenues livides. Non, la dernière agonie d'un mourant n'a rien de comparable à ce moment affreux.

XXVII.

Mais non loin de là sont d'autres témoins qui rient de la peur, et savent défier le trépas.

Les sons lugubres du chant de mort furent entendus des soldats de Bruce placés en embuscade. Le prince des Iles lève les yeux, il voit... — Par le ciel! s'écrie-t-il transporté de fureur, c'est le jeune page qu'ils mènent à la mort. Ce chant funèbre est une raillerie contre Ronald. Ils la paieront cher.

Bruce le retient par le bras. — Ils n'arracheront pas un cheveu de sa tête, dit-il; mais attendez mon ordre. Douglas, conduis cinquante soldats dans le lit de ce torrent; fais-les coucher par terre, ils fermeront le chemin aux fuyards. Une lance élevée au-dessus du taillis vous annoncera que cette embuscade est prête. Toi, Edward, avec quarante hommes armés de lances, tu iras à travers les arbres te placer auprès de la porte du château; et quand tu entendras le bruit du combat, tu marcheras en avant pour occuper le passage. Rends-toi maître du pont-levis, force la porte, et maintiens-toi dans la cour. Le reste de nos soldats va me suivre à pas lents le long des arbres, jusqu'à ce que Douglas soit arrivé à son poste.

XXVIII.

Semblable au cheval de bataille avide de combats et impatient du signal, Ronald frémit de rage en restant caché sous le feuillage. Il tient son épée dont l'acier bleuâtre sera bientôt teint du sang des vaincus. Cependant Bruce suit d'un œil attentif les mouvemens de ses soldats, et mesure l'espace que Douglas doit parcourir avant d'arriver au torrent désigné. Mais les chants funèbres ont cessé; le cortège s'avance d'un pas grave et solennel vers le chêne fatal; une prière prononcée à voix basse prépare la victime à la mort. Quel est cet éclair qui brille au milieu de l'óbscurité des bois? c'est la lance de Douglas qui donne le signal. — Noble Chef, je ne te retiens plus, s'écrie Bruce; Ronald, tu peux partir.

XXIX.

Bruce! Bruce! ce cri si connu est répété par l'écho des rochers et des bois qui ont vu naître le monarque. Bruce! Bruce! ce cri terrible est le signal de mille morts. Les Anglais étourdis cherchent de quel côté doit éclater la tempête que présage ce nom terrible : elle fond sur eux de toute part. Surpris, cernés, ils sont tous taillés en pièces. Bruce s'élance au milieu de la mêlée; la redoutable épée du clan de Colla exerce ses ravages : tous ceux qui résistent tombent percés de coups; malheur aussi à ceux qui prennent la fuite; la lance de Douglas les attend. Deux cents soldats étaient sortis du château, pas un seul n'y rentra.

XXX.

L'épée de Ronald ne poursuivit point les fuyards : un plus tendre intérêt réclamait ses soins. Il releva le page que la crainte avait fait tomber par terre à demi mort. Deux fois dans cette matinée la surprise manqua lui ravir son secret, que l'aspect de la mort n'avait pu lui arracher. Quand Amadine revint à la vie, le nom de Ronald allait s'échapper de ses lèvres, et il eut peine à le remplacer par un murmure confus. Qu'il lui en coûta encore de ne point se trahir quand le prince des Iles voulut délivrer son sein oppressé du vêtement qui protégeait sa pudeur!... Mais soudain le cor de Bruce retentit : il faut retourner aux combats.

XXXI.

Le bouillant Edward cherchait une victoire plus difficile; il avait attaqué les portes du château sans attendre le signal. Telle était sa bravoure et sa témérité habituelle; et souvent cette valeur impétueuse remportait un plein succès, et son audace réussissait là où la prudence eût échoué. Il se précipita sur le pont, brisa les chaînes qui servaient à le lever, et d'un coup de sa hache abattit sur le seuil de la porte la sentinelle de garde, dont le cadavre s'opposa aux efforts de ceux qui essayèrent de la fermer. Quoique surpris, les Anglais se défendirent vaillamment; Lorn et Clifford combattirent en braves, mais Edward s'ouvrit une route à travers cent ennemis; bientôt on entendit le cri de Bruce! Bruce! Il ne restait plus d'espoir aux Anglais; de nouveaux combattans se précipitaient à tout moment dans le château; encouragés par le succès et enivrés de sang, ils chassaient devant eux l'ennemi de poste en poste. Le glaive vengeur fut impitoyable, le sang ruisselait à grands flots; les gémissemens de la mort se mêlaient aux cris des combattans; les coursiers s'élançaient dans la cour; les aboiemens des chiens retentissaient dans les tourelles. Bientôt il ne resta plus d'ennemis en vie que ceux qui, étendus par terre, poussaient les derniers gémissemens.

XXXII.

Le vaillant Clifford n'est plus; son sang a coulé sous l'épée de Ronald; mais, plus heureux que lui, Lorn parvint à gagner le port avec une suite peu nombreuse. Son vaisseau était abrité sous la citadelle; il coupa le câble qui le retenait; c'en était fait de lui si, dans ce moment de furie et de carnage, Bruce l'eût rencontré.

Les vainqueurs firent retentir leurs cris de joie sous les sombres voûtes des tours. Les habitans de Carrick virent flotter sur le donjon du château la croix de Saint-André, blasonnée en argent sur un large drapeau.

XXXIII.

Bruce a reconquis le château de ses pères. — Braves

amis, vous tous, mes camarades, réjouissons-nous : que les plaisirs et l'allégresse soient avec nous ; vous êtes tous mes amis, le prince, le lord, le capitaine, le soldat, et le page muet. Grand Dieu! la demeure de mes aïeux est donc redevenue la mienne! c'est ici que se sont traînés les premiers pas de mon enfance. Les voici ces arches voûtées dont l'écho répondait aux cris de ma jeunesse, et qui retentirent si souvent du bruit de mes jeux. Dieu du ciel! c'est à toi le premier que j'adresse mes actions de grace ; puis à vous tous, ô mes amis! Bruce s'interrompt à ces mots, se signe,... et jette sur la table son épée encore fumante et teinte jusqu'à la garde du sang des habitans du sud.

XXXIV.

—Rapportez-moi, ajouta-t-il, les quatre coupes conservées par mes pères. Qu'on les fasse circuler autour de la table, et qu'elles soient le gage de la délivrance de l'Écosse. Qu'il soit tenu Écossais déloyal, celui dont les lèvres effleureront le vin, et qui, dans son cœur, ne fera pas comme moi le serment sincère de ne tenir ni à sa vie ni à ses biens jusqu'à ce que la liberté soit conquise ; que la honte éternelle soit son partage. Asseyez-vous, mes amis ; une heure de bonheur est courte ; il faut consacrer une heure à la joie. Les rayons du soleil ont plus d'éclat encore au milieu de l'orage.

— Nous avons commencé la délivrance de la patrie ; mais il nous reste beaucoup à faire. Qu'on expédie des courriers dans toute la contrée ; rassemblons nos vieux amis ; obtenons-en de nouveaux : que les chevaliers de Lanark revêtent leurs cottes de mailles ; que les braves fils de Teviotdale se joignent à nous ; que les archers d'Ettrick aiguisent leurs flèches : leur fidélité égale leur adresse. Appelez à nous toute l'Écosse, depuis les défilés de Reedswair jusqu'aux contrées sauvages du cap Wrath. Qu'on sache partout que l'aigle du nord à déployé ses ailes.

FIN DU CHANT CINQUIÈME.

LE

LORD DES ILES.

CHANT SIXIÈME.

I.

Qui pourra jamais les oublier les émotions délicieuses de ces jours d'enthousiasme, où le matin et le soir on voyait accourir sur la place publique des courriers hors d'haleine? La voix tonnante du bronze, le son des cloches, nous annonçaient à chaque instant des victoires nouvelles. L'espérance, long-temps comprimée, prit enfin son sublime essor. Nos yeux ouverts dès la pointe du jour virent nos bannières triomphantes saluer les premiers rayons du soleil.

Jour de bonheur! tu mis un terme à nos incertitudes,

à nos douleurs et à nos craintes; à vingt ans de dévastation, de carnage et de larmes. La tristesse elle-même leva ses yeux humides pour mêler, en soupirant, ses actions de graces aux transports qui célébraient la chute du despote, la paix et la liberté.

C'est ainsi que la Renommée parcourut en triomphe toutes les montagnes de l'Écosse, quand le sort des armes eut frappé les usurpateurs, et que la bannière de Bruce flotta victorieuse sur les sommets de Loudoun, et dans les plaines d'Ury. La vallée de Douglas fut maintes fois inondée du sang des ennemis. L'intrépide Edward mit en fuite le vaillant Saint-John; les vents du sud emportèrent sur leurs ailes les cris de guerre de Randolph; les villes et les châteaux devinrent la conquête de Bruce; et la gloire proclamait chaque jour un nouvel exploit du héros.

II.

Le bruit de ces succès retentit dans le château du suzerain et dans la chaumière du laboureur. Il vint aussi réveiller dans leurs cellules solitaires les vierges de Sainte-Brigite. O Isabelle! toi qui renonces au titre de princesse, et que des vœux enchaînent au cloître, la règle qui t'ordonne de porter le voile avec le scapulaire de laine, et de couper les tresses de tes noirs cheveux, cette règle sévère condamnait-elle le noble transport qui animait tes yeux humides, quand le ménestrel ou le pèlerin racontait quelque nouveau triomphe de ton frère valeureux? Mais quelle est cette jeune compagne qui partage tes espérances, tes craintes et tes prières? Ce n'est point une vierge des cloîtres. On la reconnaît aux boucles de sa chevelure, à la rougeur de son front, à ses soupirs, à ses tressaillemens involontaires, quand la gloire du valeureux Ronald se trouve mêlée aux exploits de Bruce.

III.

Quand le roi eut reconquis le château de ses pères et que sa noble entreprise fut heureusement commencée, ses premiers soins avaient été d'envoyer le page muet à l'île d'Arran ; mais un déguisement étranger ne put tromper long-temps les regards d'une sœur. Les deux amies habitèrent dans la même cellule. Le tardif consentement de Bruce permit enfin à Isabelle de prendre le voile et de prononcer les vœux. Edith est avec elle ; l'auguste fille de Lorn vit inconnue ; et, tandis que l'Écosse s'agite au milieu des combats, elle passe ses jours dans le calme de la retraite.

IV.

Plusieurs années s'étaient écoulées, quand des nouvelles d'une haute importance arrivèrent à Sainte-Brigite.

De toutes les conquêtes faites en Écosse par l'épée victorieuse d'Édouard Ier, son fils n'avait plus vers le nord de la Tweed que le château de Stirling, assiégé par le roi Bruce. Un armistice avait été conclu, et l'on convint que si les assiégés ne recevaient pas de secours du roi d'Angleterre avant la veille de la Saint-Jean, ils livreraient la place à Bruce. Toute la Bretagne fut appelée aux armes. Des courriers et des hérauts parcouraient les provinces, sommant les princes et les seigneurs de se rendre à l'appel du suzerain, et de venir à Berwick pour faire lever le siège de Stirling. La Saint-Jean approchait... Tous les soldats du sud se réunirent à la hâte, préparés au combat. On voit accourir tout ce que l'Angleterre avait de nobles chevaliers et d'archers habiles. Les contrées qu'ils traversèrent semblaient embrasées par l'éclat que jetaient leurs boucliers et leurs bannières ; mais les Anglais belliqueux n'obéirent pas seuls à cet appel ; on vit aussi accourir les guerriers de la Neustrie et de la Gascogne. La Cambrie, récemment soumise, fit marcher ses montagnards ; et Connoght vit sortir du fond de ses forêts et de ses déserts les cent tribus dociles au sceptre du sombre O'Connor.

V.

L'orage s'approche, gronde, et menace l'Écosse. C'est ainsi qu'un sombre nuage s'arrête suspendu dans les airs, et, s'abaissant peu à peu, dérobe le sommet des montagnes aux yeux du pèlerin tremblant. Mais ce ne fut point avec un regard timide que le roi Bruce vit l'orage s'avancer. Résolu à soutenir le choc, il fit proclamer que tous ceux qui le reconnaissaient pour maître eussent à prendre les armes et à venir combattre à ses côtés. Oh ! qui pourrait nommer tous les illustres chevaliers qui se rendirent à cet ordre, et qui s'armèrent pour la bonne cause, depuis les monts Cheviot jusqu'aux côtes de Ross ; depuis les sables de Solway jusqu'à Marshal. La nouvelle de ces préparatifs de guerre fut portée par un courrier du roi dans la vallée solitaire d'Arran ; mais des ordres secrets étaient destinés à sa sœur Isabelle, qui s'empressa le lendemain d'en faire part à la fille de Lorn.

VI.

— Est-il besoin de vous dire, Edith, combien la sincère union de nos cœurs est chère à votre Isabelle ? Jugez donc de ma douleur quand il faut vous dire adieu. L'ombre triste d'un cloître ne fut pas faite pour vous ; allez, mon amie, où un sort plus heureux vous attend ; mais ne croyez pas, ma chère Edith, que vous ayez été trahie, quoique mon frère sache que la fille de Lorn et son page muet n'étaient qu'un. Bruce connaît toute l'inconstance des hommes; il épia l'impression que reçut Ronald en écoutant les derniers adieux d'Isabelle, qui lui prescrivaient de respecter les droits plus légitimes d'Edith, et d'être fidèle à ses sermens... Pardonnez-lui, pour l'amour de votre sœur. Si d'abord de vains regrets s'élevèrent dans l'ame de Ronald, ils sont éteints depuis long-temps. Il reconnaît maintenant quels droits vous avez sur lui, il se blâme souvent de son manque de foi ; ô Edith ! pardonnez-lui pour l'amour de vous-même.

VII.

— Non jamais, reprit Edith, je n'irai implorer l'alliance de Ronald.

— Que votre impatience ne m'interrompe plus ; écoutez mon récit jusqu'à la fin.

— Le roi mon frère voudrait qu'Edith consentît à redevenir son page mystérieux. Elle pourrait alors juger par son cœur et par ses yeux du repentir de son amant... Libre, sous les auspices du roi, elle reviendrait, inconnue, habiter encore cette cellule et finir ses jours avec Isabelle, si tel était son dessein.

Le monarque avait peut-être des vues politiques en faisant cette proposition. Dunstaffnage avait été pris ; le château de Lorn reconnaissait la puissance de Bruce. Le frère d'Edith retiré en Angleterre y était mort dans l'exil ; sa mort donnait à sa sœur des droits sur ses vastes domaines, et ces droits ne seraient pas dangereux pour Bruce entre les mains fidèles de Ronald.

VIII.

Le trouble de ses yeux, son embarras, la rougeur de son front, trahirent l'émotion et le plaisir d'Edith. Elle feignit cependant de résister; ne devait-elle pas blâmer son amie d'une indiscrétion qui livrait à un tiers ses importans secrets ? Comment se résoudre à quitter Sainte-Brigite, cette paisible demeure? Comment se séparer d'Isabelle et reprendre encore une fois ce vêtement étranger à son sexe, pour retourner au milieu des armées? Qui veillera sur elle dans son voyage? Elle désirait au moins un délai. Isabelle sourit, et pardonna ce léger artifice d'une jeune fille qui craint de paraître céder au premier retour d'un amant infidèle.

IX.

Oh! ne la blâmez pas; quand le zéphyr se réveille, son haleine fait tressaillir la feuille mobile; quand le soleil dissipe les brouillards du mois d'avril, ses rayons font éclore la violette; et l'amour, malgré tous les efforts d'un cœur offensé, doit renaître avec l'espérance. Edith opposa de tendres raisons aux murmures de sa pudeur. Ronald lui était destiné depuis sa plus tendre jeunesse, Ronald avait reçu ses sermens et sa foi;... et puis pouvait-elle ne pas obéir aux volontés de Bruce, son souverain, dont elle et ses biens dépendaient. Mais elle se promit de ne garder son déguisement de page que pendant un court espace de temps,... pendant un jour au plus: inconnue à tous, et surtout à Ronald, elle le verra encore une fois, elle l'entendra... (ne blâmez pas ce désir), elle l'entendra prononcer le nom d'Edith; et, de retour dans sa retraite, elle rapportera la consolante idée qu'il s'est repenti. Isabelle, qui depuis long-temps avait observé sa pâleur et sa tristesse, et qui se reprochait d'être la cause, innocente à la vérité, de ses malheurs, se réjouissait d'avoir trouvé ce moyen de réparer sa faute involontaire. Elle s'écria avec un cœur sincère:

— Elle sera donc récompensée de toutes ses souffrances !

L'heure du départ arriva bientôt; Edith s'embarqua sous la garde d'une troupe de montagnards. Fitz-Louis, leur chef, avait reçu l'ordre de conduire à Bruce le page muet, connu sous le nom d'Amadine, avec tous les honneurs qui sont dus au favori du prince.

X.

Le roi avait espéré que la belle Edith arriverait avant le jour du combat, mais une tempête et les hasards de la mer retinrent le navire loin du rivage. Ce fut le matin même du jour où la bataille devait se livrer qu'Edith parut sur la colline de Giles. L'horizon semblait embrasé comme une fournaise; aussi loin que l'œil pouvait atteindre, on apercevait des lances ondoyantes, semblables aux épis de l'été; les troupes du roi Bruce, divisées en quatre corps d'armée, se déployaient dans la plaine; un corps de réserve placé au pied de la montagne était destiné à porter du secours en cas d'événemens imprévus; le reste de l'armée était rangé en ordre de bataille entre le ruisseau de Bannock et l'église de Saint-Ninian; les trois ailes, quoique isolées par leur position, étaient à portée de se secourir mutuellement.

Plus loin on découvrait l'armée anglaise, comme une forêt de piques dont l'œil cherchait en vain à mesurer l'étendue : là même où l'horizon semble se confondre avec les collines, on voyait encore étinceler les armes de ces innombrables soldats.

XI.

La jeune fille descendit la montagne, effrayée de cet appareil de guerre. Elle arriva au corps de réserve; là se trouvaient réunis les hommes de Carrick et d'Ayr, ceux de Lennox et de Lanark, et tous ceux des terres de l'ouest. Les vaillans soldats des Iles s'étaient joints à eux, rangés en ligne de bataille et couverts de leurs plaids. L'étendard glorieux de Bruce se déployait avec orgueil dans le centre, non loin de la bannière de lord Ronald, dont les armoiries étaient un vaisseau à pleines voiles. Les cottes de mailles des guerriers de Bruce formaient un singulier contraste avec le plaid et la toque surmontée d'un panache des Hébridiens ; mais ce qui charma surtout les yeux de la fille de Lorn, ce fut le costume des montagnards, qu'elle n'avait pas vu depuis trois longues années. — Il est un guerrier surtout que ses regards cherchent dans la foule ; ce guerrier est loin d'elle au milieu des rangs : elle contemple avec le trouble de la tendresse les plis flottans de sa bannière, puis jette un coup d'œil sur le nombre immense des ennemis, et frémit en pensant aux chances de la guerre.

XII.

Fitz-Louis conduisit le page jusqu'au centre de l'avant-garde; c'était là qu'on voyait les vaillantes cohortes des Marches, les guerriers de Loudon, la troupe peu nombreuse, mais redoutée, des archers de Liddell et d'Ettrick. L'intrépide Douglas et le jeune Stuart commandaient les hommes de Nith et de la vallée d'Arran et les courageux lanciers de Teviotdale. Près de l'église de Saint-Ninian étaient réunis, sous les ordres du valeureux Randolph, les soldats envoyés par l'Écosse depuis Tay jusqu'à Sutherland. Le reste de l'avant-garde, commandée par Edward Bruce, était protégé vers l'ouest par les ravins profonds de Bannock. Derrière eux était posté le brave Keith, le lord maréchal. Un rideau de feuillage cachait ses hommes d'armes avec leurs lances, leurs casques et leurs panaches flottans. Telle était la disposition des différens corps d'armée que Bruce avait ordonnée. Edith et son guide se dirigèrent vers le monarque.

XIII.

Arrivés au premier poste, ils s'arrêtèrent. Le roi, placé à une portée de javelot du front de bataille, observait l'ennemi et faisait aligner ses soldats. Armé de pied en cap, il guidait un léger palefroi, attendant le moment de l'attaque pour monter son cheval de bataille. Le diadème d'or brillait sur son casque d'acier ; au haut de son cimier était attaché le gant d'Argentine, gage de son défi ; la hache d'armes remplaçait dans ses mains le bâton de général.

A trois portées de javelot plus loin paraît l'armée anglaise. Les chefs, appuyés sur leurs armes, tiennent conseil, et se demandent s'il faut engager le combat dans la nuit même, ou le différer jusqu'au lever de l'aurore.

XIV.

Qu'il est beau, mais qu'il est terrible le spectacle qu'offre la première ligne de cette armée ! L'or et l'acier y étincellent de toute part. Le roi d'Angleterre y est avec tous ses pairs.

Quel est celui qui, voyant ce monarque entouré de tout son royaume armé pour défendre ses droits, eût osé prédire le triste sort qui le menaçait? Il fait caracoler avec grace son noble coursier ; et l'on reconnaît dans ses yeux quelques étincelles du feu des Plantagenets. Son regard naturellement distrait se ranime à la vue des boucliers et des armes.

— Argentine, dit-il, connaissez-vous ce chevalier qui range en bataille les lignes ennemies? — Le gage qui surmonte son casque me dit que c'est Bruce lui-même : je le reconnais. — Comment ce traître, dit Edouard, a-t-il l'audace de braver ma présence et nos drapeaux ? — Sire, répondit Argentine, que n'est-il monté sur un coursier comme le mien, pour que la partie fût égale ; j'irais rompre une lance avec lui. — Dans un jour de bataille, repartit le roi, les lois de la chevalerie sont mises de côté. Ce rebelle ose irriter mon courroux, qu'on fonde sur lui et qu'il disparaisse de mes yeux. — A cet ordre du roi, sir Henry Boune sortit des rangs.

xv.

Sir Henry était issu de l'illustre sang de Hereford, si renommé dans la chevalerie ; brûlant de se signaler devant le roi par quelque exploit digne de sa race, il pressa son coursier, mit la lance en arrêt, et s'élança sur Bruce. Immobile comme le rocher qui brave le choc de la vague irritée, Bruce resta ferme sur ses arçons. Tous les cœurs palpitèrent, tous les yeux se fixèrent sur les deux combattans. Plus rapide que la pensée, le regard et l'éclair, sir Henry fondit sur le roi. Le faible palefroi de Bruce aurait-il pu soutenir un tel choc? La perdrix résisterait plutôt au faucon. Évitant la rencontre du chevalier au moment même où il était prêt à frapper, Bruce se détourne avec adresse : sir Henry va poursuivre sa carrière... mais sa course ne fût pas longue. Bruce, affermi sur ses étriers, lança avec force sa hache d'armes, qui alla frapper si violemment sur le chevalier anglais, que son casque en fut écrasé comme le fruit du noyer, et que la hache d'armes se brisa jusqu'à la garde. Le cheval tressaillit et abandonna sur le sable le corps inanimé de son maître. Ah ! combien fut soudaine et rapide la mort de Boune, première victime de cette fatale journée !

XVI.

Bruce jeta un regard de pitié sur le cadavre de son ennemi : puis, ayant tourné la bride de son coursier, il regagna tranquillement les rangs de l'armée écossaise. Les Chefs s'approchèrent de lui et le blâmèrent à haute voix d'exposer ainsi à l'épée d'un aventurier une vie si précieuse et si chère. Bruce, remarquant alors sa hache, répondit d'un air indifférent : — Je paie cher mon imprudence, ma fidèle hache d'armes s'est brisée dans mes mains.

Dans ce moment, Fitz-Louis aborda respectueusement le roi et s'acquitta de la commission d'Isabelle. Edith déguisée se tenait à quelques pas de distance, et cachait sa rougeur en se couvrant le visage de ses mains. En l'apercevant, le monarque jeta loin de lui sa hache ensanglantée, et s'avança vers le prétendu page, cherchant à donner plus de douceur à son regard. Il prit la main d'Amadine avec la grace d'un chevalier, et son sourire bienveillant promettait au page timide l'amitié d'un frère chéri.

XVII.

— Ne crains rien, lui dit-il, jeune Amadine; et il ajouta tout bas : — Que ce nom soit encore le tien; la fortune règle nos destinées; elle t'envoie près de nous dans un moment de crise qui, je l'espère, va nous mettre pour toujours à l'abri de ses caprices; car, vainqueur ou vaincu, je reste sur ce champ de bataille. Pour toi, monte sur cette colline, asile de ceux qui suivent l'armée et qui ne peuvent porter les armes. (Fitz-Louis, veillez sur lui.) Nous nous rejoindrons si le ciel nous seconde; s'il en est autrement, retourne dans la demeure sacrée d'Arran; vis avec Isabelle, car le brave Ronald a fait vœu de ne jamais revoir la belle fille de Lorn, objet de ses plus tendres vœux, s'il désertait le champ de bataille ou la cause de Bruce et de l'Écosse. Silence... les sons de ces trompettes m'appellent!... excuse ce prompt départ; adieu, adieu. Et il ajouta d'une voix plus basse : — Adieu donc, aimable Edith; adieu.

XVIII.

— D'où vient ce nuage de poussière qui s'élève du côté de l'aile gauche, cria le monarque au comte de Moray, qui se tenait à cheval près de lui. Eh quoi, déjà les ennemis ont cerné votre poste? Ah! Randolph, vous avez perdu une fleur de votre couronne! Alors le comte baisse sa visière. — Elle va refleurir, dit-il, ou ma vie se flétrira avec elle. A moi, vassaux de Randolph! Et ils se précipitèrent, prompts comme la foudre, sur les ennemis. — Sire, dit alors le noble Douglas, le comte Randolph peut à peine opposer un de ses hommes contre dix Anglais. Laissez-moi lui porter du secours.

— Restez à votre poste; le comte réparera la faute qu'il a commise. Il ne faut point affaiblir notre corps de bataille.

Alors on entendit s'élever le cri de la mêlée. Le cœur du généreux Douglas bondit : — Sire, écouterai-je avec patience ces clameurs, qui peut-être m'annoncent le chant de mort de Moray? — Eh bien! va donc, mais hâte-toi de revenir.

Douglas s'élança suivi de son clan. Arrivé au sommet de la montagne, il arrêta sa troupe. — Reconnaissez-vous les Anglais taillés en pièces et mis en déroute! Le comte a su vaincre; voyez son étendard flotter au milieu du désordre de la mêlée. Amis, retournons à nos postes, notre présence diminuerait sa gloire : nous sommes arrivés trop tard. — Douglas rejoignit l'armée; dans tous les rangs on apprit l'heureuse nouvelle que Dayncourt avait péri de la main de Randolph, et que ses soldats avaient été mis en fuite. Cette escarmouche termina la journée. Les deux armées gardèrent leur ordre de bataille et passèrent la nuit sous les armes.

XIX.

C'était une nuit du riant mois de juin ; la lune poursuivant sa carrière dans un ciel sans nuage, laissait tomber ses molles clartés sur Demayet et sur les antiques tours de Stirling : les flots de la rivière se succédaient comme les anneaux d'une chaîne argentée. Astre paisible, tu dois éclairer bientôt un autre spectacle... des étendards en lambeaux, des armes brisées, des monceaux de cadavres ; et les morts et les blessés confondus dans les flots ensanglantés du Forth.

Tu entends maintenant les cris de la débauche au milieu des troupes anglaises, tandis que les légions de l'Écosse implorent le ciel, et préparent le saint sacrifice. Ici le nombre a fait naître la présomption ; là c'est dans le Dieu des armées que les soldats de Bruce mettent leur force.

XX.

La belle Edith se tenait sur la colline de Saint-Giles, dont le sommet dominait le champ de bataille. Avec elle sont les serfs et les pages, trop jeunes encore pour porter les armes. Avec quelle agitation pénible elle voit l'aurore colorer l'horizon ! Déjà le soleil brille sur les hauteurs d'Ochil, et dissipe les ténèbres du sombre Demayet. Est-ce le chant de l'alouette ou le cri sourd du héron qui frappe son oreille? Non; ce sont les accens confus, mais de plus en plus sonores, des trompettes qui se mêlent aux roulemens du tambour. L'armée d'Écosse répond par le son des cornemuses et des cors. Chaque soldat fait le signe de la croix, et saisit ses armes. Le spectacle de la guerre se montre dans tout son appareil.

XXI.

Les forces de l'Angleterre se déploient dans une immense étendue, comme les flots de l'Océan, quand l'impétueux vent d'ouest annonce par ses sourds mugissemens l'approche de la tempête. Aux premières lignes marchent les braves archers; derrière eux s'avancent les hommes d'armes; et c'est au milieu de ce corps qu'on reconnaît le roi entouré de chevaliers, les uns aguerris aux combats, les autres ayant nouvellement reçu les éperons et brûlant de les mériter. Argentine est à ses côtés avec le vaillant de Valance, l'orgueil des Pembroke, choisis l'un et l'autre pour tenir les rênes de son coursier. Au moment où le roi porta ses yeux sur l'armée écossaise, il vit avec étonnement que l'on abaissait les bannières, les lances et les boucliers; la pointe de tous les glaives est tournée vers la terre; chaque guerrier fléchit le genou. — Les rebelles se repentent, dit-il à Argentine; les voilà qui s'agenouillent pour implorer leur grace. — Oui; mais leurs genoux fléchissent devant une autre puissance; ils implorent un autre pardon que le nôtre. Voyez-vous ce prêtre, les pieds nus, qui les bénit en élevant les mains? Ils trouveront ici la victoire ou la mort. — Eh bien, risquons la bataille. Ordonnez au comte de Glocester de commencer l'attaque.

XXII.

Au moment où les troupes écossaises se relevèrent, le comte Gilbert agita son bâton de commandement. A ce signal, les archers anglais font un pas en avant, élèvent la main gauche et approchent leurs arcs de l'oreille droite; le frémissement de dix mille cordes se fait entendre, et dix mille flèches frappent l'ennemi comme la grêle de décembre. Ni le bouclier doublé d'une épaisse peau de buffle, qui couvre le soldat des montagnes, ni la cotte de mailles que portent ceux des plaines, ne les sauvent de cette tempête. Malheur, malheur à la superbe Écosse! les cavaliers de Bruce ont mis pied à terre et se tiennent auprès de leurs chevaux. Le bouillant Edward, le pied sur l'étrier et la main sur la crinière de son cheval, pouvait à peine contenir son impatient courroux; enfin, les archers anglais s'avancent dans la plaine. — A cheval, braves guerriers! s'écria-t-il, et au même instant les cavaliers se trouvèrent en selle. Leurs brillantes aigrettes s'agitèrent comme les feux follets qui s'élèvent de la terre. La poitrine défendue par leur bouclier, ils tiennent la lance en arrêt. Edward s'écrie : — En avant, tombons sur ces misérables, brisons les cordes de leurs arcs!

XXIII.

L'éperon déchire les flancs des chevaux; ils se précipitent au milieu du corps des archers. Sans retranchemens pour se mettre à l'abri, sans armes pour les arrêter, les archers ne peuvent résister avec leur armure légère au choc de ces lourdes massues et aux fers de ces longues piques. Leurs courtes épées sont inutiles contre des chevaux bardés de fer et des guerriers couverts de cottes de mailles; ils ont perdu leurs rangs;

le glaive plane sur leurs têtes : on entend les cris de victoire et les plaintes des mourans. Les archers soutiennent quelque temps le combat avec une valeur opiniâtre ; mais enfin, rompus de toute part, ils sont forcés de chercher leur salut dans la fuite.

Cerfs de Sherwood et de Dallom-Lee, bondissez de joie, les arcs brisés à Bannock-Burn ne dirigeront plus de flèches contre vous. Que les jeunes filles ornent de feuillage le joyeux mai de Wakefield, et tournent leurs regards inquiets vers le nord ; leur attente sera trompée, elles ne reverront plus ceux qui les animaient à la danse. Dispersés, taillés en pièces, criblés de mille coups, foulés par le pied des chevaux, les archers couvrent de leurs cadavres la plaine ensanglantée de Bannock.

XXIV.

Le roi d'Angleterre s'indigne de leur fuite. — Les voilà, disait-il, ces valeureux archers ! il n'est pas un de ces grossiers paysans qui ne se vantât de porter dans son carquois la vie de douze ennemis. Les lâches ! ils sont plus propres à dévaster nos forêts qu'à se mesurer contre un ennemi courageux. Allons, gentilshommes et chevaliers, en avant ! montrez votre vaillance ; il vous appartient de rétablir le combat.

A la droite du champ de bataille se trouvait un chemin facile et uni, mais le prévoyant Bruce l'avait fait couper par des fossés, qui, recouverts de broussailles et de gazon, cachaient un piège inévitable. Douze mille cavaliers se précipitèrent dans ce chemin, la lance en arrêt, le cœur brûlant de vengeance et défiant de loin l'ennemi avec des cris terribles mêlés au bruit des clairons. Hommes et chevaux s'élancent en aveugles sur le champ de bataille; les premiers sont déjà tombés dans l'abîme ouvert sous leurs pas ; ceux qui les suivent s'y précipitent après eux : les casques, les boucliers, la cotte de mailles, la lance et l'épée, la force, la bravoure, rien ne préserve de cette mort. Des clameurs confuses s'élèvent du milieu de ces précipices; ce sont les cris des mourans et les hennissemens de mort des chevaux. Ils accouraient, semblables au torrent descendu des montagnes, qui roule à travers les rochers ; ils se sont engloutis comme ses vagues écumeuses dans une caverne obscure : le torrent bouillonne encore ; et chaque flot disparaît en mugissant.

XXV.

Mais l'Angleterre ne cède pas si tôt le champ de bataille; ses plus nobles preux combattent pour elle; il lui reste maint chevalier à qui la crainte ne fut jamais connue. Le courageux comte de Norfolk, de Brotherton, l'illustre De Vere d'Oxford, Glocester, Berkley, Grey, Bottetourt, Sanzavere, Ross, Montague, Mauley, le superbe Courtenay, Percy, vivent encore. Leurs noms, connus avec honneur dans les guerres d'Écosse, à Falkirk et à Dunbar, s'illustrèrent plus encore dans la suite par les combats de Crécy et de Poitiers. Argentine et Pembroke font avancer l'arrière-garde; ils foulent avec précaution cette terre couverte de cadavres, et que le sang a rendue glissante. Arrivés à l'ennemi, les hallebardes, les haches et les lances se croisèrent avec une égale furie. C'est alors que Douglas put déployer sa force, et Randolph sa généreuse valeur. Stuart se montra digne d'être un jour le chef d'une race royale. Anglais, Écossais, combattent avec le même courage. Que de nobles cimiers jonchèrent la terre !

que de chevaliers illustres reçurent le trépas! Le carnage moissonne tous les rangs.

XXVI.

Chaque soldat combattait corps à corps; les coups succédaient aux coups; le cliquetis des armes et les cris de guerre étouffaient les soupirs des mourans. Dans les deux partis, que de motifs différens inspiraient tous ces héros de l'Angleterre et de l'Écosse! Le chevalier mourait pour la gloire, le citoyen pour son pays, le jeune homme pour faire preuve de son courage ou pour mériter l'amour de sa dame; quelques-uns venaient assouvir une horrible soif de sang; l'habitude et une bravoure naturelle conduisaient les autres; mais, quel que soit leur but, soldat loyal, serf ou noble, tous suivirent la même route... celle du tombeau.

XXVII.

Quoique l'ardeur des combattans commence à s'éteindre, la victoire est incertaine. Le soleil est arrivé au milieu de sa course. La poussière s'élève en nuages plus épais. Les coups sont devenus plus faibles. Douglas s'appuie sur son épée. Randolph essuie son front couvert de sang. Les troupes anglaises ne sont pas moins fatiguées d'un combat qui dure depuis la pointe du jour. Le vaillant Egremont s'arrête pour reprendre haleine; Beauchamp relève la visière de son casque. La lance s'échappe des mains de lord Montague. Et toi aussi, brave De Vere, tu laissas tomber ton épée; les coups que portait le robuste Berkley se ralentirent. Le cor de l'intrépide Pembroke perdit ses accens guerriers. Ton bras s'abaisse, Argentine; et je n'entends plus la voix de Percy qui criait : — Camarades, avançons.

CHANT SIXIÈME.

XXVIII.

Bruce, dont l'œil vigilant comme celui du pilote, s'aperçoit de la lassitude des combattans, s'est écrié : — Encore un effort et l'Écosse sera libre. Lord des Iles, ma confiance en toi est ferme comme le rocher d'Ailsa; fonds sur l'ennemi avec les montagnards, moi je vais charger à la tête de mes lanciers de Carrick. Allons, courons au combat. — Aussitôt le pibroch se fait entendre; Bruce ordonne la charge. — En avant, lanciers de Carrick! l'ennemi lâche pied; marchons, nobles fils d'Innisgail : vous combattez pour vos femmes, vos enfans, pour votre patrie, votre liberté, pour votre vie; le succès ne sera pas long-temps douteux. —

XXIX.

Ce nouveau choc fit reculer les Anglais, qui laissèrent leurs meilleurs soldats baignés dans leur sang. Argentine seul élève son bouclier orné d'une croix rouge : il rallie les débris de l'armée et dispose un nouvel ordre de bataille. Ses efforts rétablirent le combat, mais cette nouvelle lutte ne dura pas long-temps.

La belle Edith avait entendu les cris de joie des soldats anglais, elle les vit se retourner tout à coup au milieu de leur déroute. Le son des clairons est à la fois un son de douleur et de triomphe. Edith croit voir les soldats de Ronald enveloppés par l'ennemi. — O ciel ! le combat recommence, point de secours ! Et vous, témoins impassibles de la ruine de votre patrie, portez-vous donc des cœurs de rocher ? —

XXX.

Ceux qui de loin observaient les deux armées, n'avaient pu voir sans émotion Bruce combattre pour les droits de l'Écosse. L'amour de la patrie embrasait tous les cœurs. L'adolescent, le vieillard, le prêtre, le laïque, les femmes mêmes tendaient les mains à la vue d'une hache ou d'une épée; mais quand Amadine recouvra la parole pour leur adresser ces reproches, l'enthousiasme s'empara de cette multitude. — Des prodiges accusent notre lâcheté; c'est un muet qui nous rappelle nos devoirs; celui qui rend la voix au muet peut donner la force aux faibles; l'Écosse est notre patrie comme celle de Bruce; elle est notre terre promise à tous, c'est à nous comme à lui de venger les outrages de notre nation. Comme lui, nos cœurs doivent choisir entre la mort et la liberté. Aux armes! aux armes! — Alors tout devient lance, épée ou massue : des drapeaux sont faits à la hâte, et cette armée nouvelle fond sur les Anglais fatigués.

XXXI.

Déjà les escadrons du sud, dispersés dans la plaine, n'écoutant plus ni les reproches, ni les prières, ni les ordres, fuyaient ou ne faisaient qu'une résistance douteuse; mais quand ils crurent voir des troupes, encore fraîches, marcher sur eux, les plus courageux rompirent les rangs. Rendons justice à leur malheureux prince : vainement il se jeta au milieu de la mêlée; ses menaces, ses pleurs, son désespoir, tout fut inutile. Enfin, Pembroke, détournant la bride de son coursier, le força de s'éloigner du champ de bataille. Argentine le suivit jusqu'au sommet de la colline; mais là il s'arrêta. — J'ai laissé un gage sur le champ de bataille, dit-il; l'honneur, plus cher que la vie, m'ordonne de retourner au combat. Hâtez-vous de vous éloigner, sire, le cruel Douglas suit vos traces; je reconnais sa bannière qui s'avance. Que le Seigneur envoie à mon maître joie et prospérité; que ses armes soient désormais plus heureuses. Adieu, sire, adieu. —

XXXII.

Il retourne sur le champ de bataille et voit les Anglais en fuite, prisonniers ou sans vie. — Maintenant, dit-il en mettant sa lance en arrêt, me voilà au terme de ma carrière; encore un effort, ce dernier exploit va mettre fin à ma race. —Alors, se levant sur ses étriers, il porte à haute voix ce défi : — Saint-Jacques pour Argentine! — Quatre de ceux qui poursuivaient les fuyards furent désarçonnés; mais le brave chevalier reçut un coup de lance qui le frappa au défaut de la cuirasse, et un coup de hache brisa son cimier. Malgré sa blessure, il court sur le vaillant lord de Colonsay, et enfonce dans son sein le fer de sa lance. Le montagnard se débat contre le fer meurtrier qui le fixe à la terre; il brandit encore son épée et frappe son ennemi; le sang d'Argentine ruisselle; il chancelle sur ses étriers, et le farouche Colonsay sourit au milieu des angoisses de l'agonie, en voyant sa fidèle épée venger si bien son trépas.

XXXIII.

Bruce s'occupait de recueillir les fruits d'une victoire si glorieuse. Il ordonnait à sa cavalerie de poursuivre l'arrière-garde des Anglais, et d'empêcher leurs corps dispersés de se réunir, lorsque le cri de guerre qu'Argentine prononçait vint frapper de loin son oreille. Aussitôt il s'écrie : — Épargnez ce noble et brave chevalier. Les escadrons ouvrent au roi un libre passage. Il s'approche du blessé; hélas! il n'élevait plus son bouclier orné d'une croix rouge; son casque, son armure étaient couverts de son sang. Quand il vit Bruce s'avancer, il recueillit ses forces pour mettre sa lance en arrêt; vain effort! son éperon ne peut exciter son coursier. Le chevalier épuisé de fatigue et de blessures tombe sur l'arène; le généreux Bruce accourt, s'empresse de le relever et de délier les courroies de son casque.

— Seigneur comte, lui dit Argentine, la journée est à toi. Les ordres du roi mon maître et le sort ennemi nous ont fait rencontrer trop tard; mais Argentine mourant peut encore demander une grace qu'il attend d'un ancien frère d'armes, une messe comme chrétien, et un tombeau comme chevalier.

XXXIV.

Bruce pressa sa main mourante qui voulut lui rendre cette étreinte amicale; mais elle se raidit et devint froide entre les mains de Bruce.

— Adieu! s'écria le vainqueur. O toi, la fleur et l'orgueil de la chevalerie, on vantera à jamais ton bras valeureux, ta courtoisie, ta haute race, ta foi sans tache et la noblesse de tes traits. Que les torches s'allument dans l'église de Saint-Ninian; qu'on prépare le service funèbre d'Argentine: jamais torches ne brûlèrent, jamais prières ne furent prononcées sur le cercueil d'un plus vaillant chevalier!

XXXV.

Ce ne fut point pour d'Argentine seul que les prières de la mort se firent entendre dans l'église de Saint-Ninian, et que les torches s'allumèrent; leur clarté lugubre éclaira aussi mainte armure brisée et sanglante et les débris de maints cimiers, dépouilles des barons, des comtes et des baronnets. Les plus illustres fils de l'Angleterre eurent aussi leur part de la pompe funèbre.

Ne pleure point, patrie de la gloire, quoique, depuis

l'invasion de Guillaume-le-Conquérant, jamais les léopards n'eussent été mis en fuite dans un combat aussi funeste, tes annales peuvent aussi se vanter de plus d'une bataille gagnée sur les Écossais. Ne leur envie point leur victoire : ils combattaient pour les droits de leur indépendance. Ces droits, si chers à tous les cœurs amis de la liberté, ne sont-ils pas plus chers encore à la terre d'Albion ?

XXXVI.

Revenons à Bruce, curieux d'apprendre de Fitz-Louis le miracle qui vient de s'opérer. Mille voix répètent autour de lui : — Le page a recouvré la parole ! — Le page, interrompt Fitz-Louis, dites plutôt un ange descendu des célestes régions pour briser le joug des Anglais. J'ai vu tomber sa toque ornée de plumes, quand nous descendions la montagne ; son front, rempli de douceur, ses longs cheveux qui se déroulaient avec grace ont donné un nouvel éclat à ses yeux ; son pied léger effleurait à peine le gazon, comme s'il eût été soutenu par des ailes inaperçues. — Que disait-il en ce moment ? — Une seule parole est sortie de sa bouche, quand il a vu le Lord des Iles retourner au combat. — Et quelle réponse ce seigneur lui a-t-il adressée ? — Il est tombé à genoux ; ses yeux se baissaient vers la terre ; il murmurait à voix basse des mots sans suite, respectueux dans sa joie, comme s'il eût parlé à l'habitant d'une sphère supérieure.

XXXVII.

Le roi Robert, oubliant un moment les hautes pensées qui l'occupent, ne peut s'empêcher de sourire.

— Quoi donc, dit-il, le page avait une grace angélique, un front noble, des cheveux ondoyans ; et Ronald s'est prosterné devant lui! Dans ce cas, nous aurons besoin de l'église. Que mon chapelain soit averti avant que ces étranges nouvelles se répandent plus loin, qu'il aille à Cambuskenneth, et dispose l'autel pour célébrer une messe solennelle. Mon peuple remerciera le ciel de son heureuse délivrance; mais qu'une autre cérémonie se prépare pour célébrer l'hymen d'un prince. Nous avons, aux jours de nos disgraces, interrompu la fête nuptiale; je veux, avant le retour de l'aurore, assister à l'hymen de la fille de Lorn.

CONCLUSION.

Allez, mes vers, allez au hasard; ne blâmez pas le ménestrel de n'avoir point choisi pour ses humbles chants un protecteur dont le nom et l'amitié partiale auraient pu vous aplanir le chemin de la gloire. *Il était...* ah! que de douloureux regrets dans ces deux mots! il était une amie généreuse, qui, si le sort l'eût permis, vous aurait, ô mes vers, donné le droit de marcher fièrement à côté des plus nobles productions des Muses.

Aujourd'hui elle est devenue l'égale des anges... Il lui manquait si peu de chose pour l'être déjà dans son pèlerinage dans ce bas monde! A quoi bon rappeler cette patience qui lui faisait cacher ses douleurs pour adoucir celles des autres? A quoi bon dire comment la flamme pure de la vertu avait encore plus d'éclat en elle? A quoi bon apprendre au monde que la modeste guirlande destinée à orner son front, est suspendue sur son cercueil pour s'y flétrir loin de tous les yeux?

FIN DU LORD DES ILES.

NOTES

DU LORD DES ILES.

CHANT PREMIER.

Note 1. — Paragraphe II.

Les veaux marins ont pour la musique un goût décidé, tel qu'on n'oserait l'attendre de leurs habitudes et de leurs mœurs. Ils suivront long-temps un bateau où résonnera un instrument quelconque; le son même le plus simple suffit pour les attirer.

Note 2. — Paragraphe VII.

Le détroit de Mull, qui divise cette île du continent de l'Écosse, offre un des plus curieux spectacles des Hébrides.

Note 3. — Paragraphe VIII.

Le nombre des îles occidentales de l'Écosse monte au-delà de deux cents. (Voyez *Martin, Description des Hébrides.*)

Note 4. — Paragraphe VIII.

Somerled était taniste d'Argyle et lord des Iles vers le milieu du douzième siècle. Son descendant, le héros de ce poème, portait le nom d'Angus Og. Nous avons substitué à ce nom celui de Ronald, *euphoniæ gratiá*.

NOTE 5. — Paragraphe XI.

La maison de Lorn était descendue, comme celle du lord des Iles, d'un fils de Somerled.

NOTE 6. — Paragraphe XXI.

Ce phénomène, appelé *feu de mer* par les matelots, est un des plus beaux et des plus intéressans qu'on admire dans les Hébrides. Parfois l'océan paraît entièrement illuminé autour du vaisseau, et une longue trace de lumière le suit dans l'obscurité. Ces clartés phosphoriques, dont l'origine n'est pas encore bien éclaircie par les naturalistes, nous semblent être causées par le rapide mouvement du vaisseau, lorsque les vagues sont saturées de frai ou d'autres substances animales. Ce passage rappelle la description bizarre des serpens marins par Coleridge (l'auteur de *Cristabel*), dans sa ballade éminemment poétique du vieux marin :

> *Beyond the shadow of the ship*
> *I watched the water-snakes, etc.*

CHANT II.

NOTE 1. — Paragraphe III.

Egidius ou Giles d'Argentine, fut le chevalier le plus accompli de ce siècle après Henri de Luxembourg et Robert Bruce. Il avait fait la guerre en Palestine, et il mourut en héros après avoir assuré la retraite d'Edward. Son éloge est contenu dans ces deux vers léonins d'un poëme de Barton, ménestrel qu'Edward avait amené pour célébrer son triomphe, et que les vainqueurs forcèrent de célébrer le leur :

> *Nobilis Argenten, pugil inclyte, dulcis Egidi,*
> *Vix scieram mentem cùm te succumbere vidi.*

DU CHANT II.

NOTE 2. — Paragraphe IV.

On a long-temps conservé dans le château de Dunvegan, manoir romantique de Macleod, Chef du clan de ce nom, une coupe antique et d'un travail curieux; c'était l'usage de faire faire *la ronde* à la coupe parmi les Chefs des îles, qui se faisaient un point d'honneur de ne jamais laisser sortir un tonneau vide de la salle du festin.

NOTE 3. — Paragraphe VI.

L'écuyer tranchant (à qui appartenait, plutôt qu'au sénéchal, l'office d'assigner les rangs aux convives) était un officier d'importance dans la famille d'un Chef des Hébrides.

NOTE 4. — Paragraphe IX.

On doit s'apercevoir que l'histoire d'Écosse est ici nécessaire à connaître pour l'intelligence de ce poëme.

NOTE 5. — Paragraphe XI.

L'histoire et la tradition ont également célébré le combat particulier où Bruce n'échappa aux vainqueurs qu'en abandonnant son manteau, dont l'agrafe fut long-temps conservée dans la famille des Mac-Dougal.

Bruce était d'une force de corps extraordinaire.

La *fibula* ou agrafe d'un plaid était un bijou de prix, quand celui qui en était revêtu était un chef distingué. Martin parle d'une agrafe d'argent de la valeur de cent marcs.

NOTE 6. — Paragraphe XIII.

Sir James, appelé le bon lord Douglas, fut blessé à la bataille de Dalry. Sir Nigel ou Niel Campbell, beau-frère de Bruce, y fut tué.

NOTE 6. — Paragraphe XIII.

En sortant de l'église où, après une vive altercation, il venait de poignarder Comyn, Bruce rencontre James de Lindsay et Kirkpatrick : — Quelles nouvelles? lui demandent-ils. — Mauvaises, répond Bruce. J'ai peut-être tué Comyn. — *Peut-être?* reprit Kirkpatrick, *ce sera bientôt sûr;* et il courut l'achever.

Note 8. — Paragraphe xiv.

Il paraît que le caractère des bardes d'Écosse, si grand dans les temps reculés, dégénéra bientôt. Les Irlandais disent que des lois furent nécessaires pour réprimer l'avarice des leurs. Dans les montagnes d'Écosse, ils tombèrent bientôt dans le mépris ainsi que les *orateurs:* emploi qu'un même individu exerçait quelquefois avec celui de poète.

Note 9. — Paragraphe xxv.

C'était une coutume des montagnes d'amener la fiancée à la demeure de l'époux. Elle y restait quelquefois en expectative pendant des mois entiers, et le fiancé avait encore le droit de la répudier. De là grandes querelles, etc., etc.

Note 10. — Paragraphe xxvi.

Voyez les chroniques de Stowe sur l'exécution du célèbre Wallace, qui fut livré aux Anglais par trahison.

Note 11. — Paragraphe xxvi.

Voici le distique léonin de Mathew de Westminster sur Edward:

Scotos, Edwardus, dùm vixit, suppeditavit,
Tenuit, vicit, depressit, dilaniavit.

Note 12. — Paragraphe xxvii.

Les Macleod, et presque toutes les familles de distinction dans les Hébrides, étaient d'extraction scandinave, et encore imparfaitement convertis au christianisme.

Note 13. — Paragraphe xxix.

Ce fut en expiation de ce sang répandu dans l'église, que Bruce, à ses derniers momens, fit porter son cœur à Jérusalem par lord James Douglas.

DU CHANT III.

Note 14. — Paragraphe XXXI.

Il n'y a point ici de métaphore ; les échos de l'Écosse retentirent en effet des aboiemens des chiens qui poursuivaient le monarque fugitif.

Un des limiers de Lorn avait appartenu à Bruce lui-même, et devait, par conséquent, perdre la piste avec moins de facilité. Ce ne fut pas sans peine que le roi d'Écosse parvint à s'échapper.

CHANT III.

Note 1. — Paragraphe IV.

Plus d'un Chef des Iles exerça le métier de pirate jusqu'à ce que la civilisation eût introduit dans les Hébrides quelque idée du droit des gens.

Note 2. — Paragraphe VIII.

J'ai suivi la tradition vulgaire sur la bataille de Falkirk ; mais il est inexact que Bruce y ait combattu contre Wallace. Voyez sa justification dans les *Annales de l'Écosse* par lord Hailes.

Note 3. — Paragraphe XII.

Le paysage extraordinaire que j'ai essayé ici de décrire, est unique dans l'Écosse. L'épisode des pirates que Bruce rencontre est emprunté de Barbour, avec les changemens qu'exigeait le sujet.

Note 4. — Paragraphe XXVIII.

L'imagination ne peut rien concevoir de plus beau que la grotte découverte, il y a quelque temps, dans le domaine d'Alexandre Mac-Allister de Strathaire. La description en a été publiée par le docteur Marc-Leay d'Oban.

NOTES

CHANT IV.

Note 1. — Paragraphe IV.

Arrêté par la mort dans ses projets de vengeance, Edward Ier ordonna à son fils de l'ensevelir en vue de l'Écosse, et d'en poursuivre la conquête ; mais son fils, se souciant peu de continuer la guerre, transporta le corps de son père à Londres, et le déposa dans un tombeau de Westminster Abbey avec cette inscription :

Edwardus primus, Scotorum malleus, hic est, Pactum serva.

Note 2. — Paragraphe VIII.

Tradition romantique de l'île de Canna ou Cannay.

Note 3. — Paragraphe IX.

Vengeance attestée par les ossemens des victimes. En 1745, pendant les persécutions dont le catholicisme était l'objet, le prêtre d'Eigg disait la messe dans cette caverne sur une saillie de rocher. Ce prêtre et les montagnards, assemblés dans ce souterrain, formaient un tableau digne de Salvator.

Note 4. — Paragraphe X.

La caverne de Staffa ou le Palais de Neptune ne peut guère être décrit. Elle paraît plus vaste et plus étonnante chaque fois qu'on la revoit.

Rien de pittoresque comme le groupe d'îles, dont Staffa est la plus remarquable.

Note 5. — Paragraphe XII.

La péninsule de Cantire est réunie au Knepdale par un isthme très-étroit. Pour éviter les dangers d'une navigation peu connue, autour du promontoire de Cantire, il n'y a pas long-temps encore, dit Pennant, que des navires de neuf ou dix tonneaux étaient tirés par des chevaux pour passer du lac de l'ouest dans celui de l'est.

DU CHANT V.

Note 6. — Paragraphe XVI.

Le contraste du caractère des deux frères est bien peint par Barbour, dans son histoire de Bruce.

Note 7. — Paragraphe XXII.

Cet incident mit dans tout son jour la générosité chevaleresque de Bruce. C'est un de ces traits que Barbour raconte avec une naïveté charmante. (*Vide* Barbour's Bruce, book XVI.)

CHANT V.

Note 1. — Paragraphe VI.

L'intérieur de l'île d'Arran offre plusieurs vues de montagnes très-remarquables. Les collines qui sont couvertes de rochers et de précipices forment plusieurs cataractes d'une hauteur prodigieuse, quoique de peu d'étendue.

Note 2. — Paragraphe VI.

L'île d'Arran, comme celles de Man et d'Anglesey, offre encore de nombreux vestiges des superstitions païennes, et probablement de la religion des druides.

Note 3. — Paragraphe VII.

Barbour raconte avec la plus grande simplicité une anecdote qui prouverait assez que l'habitude des juremens profanes, devenue par la suite si générale en Écosse, n'existait à cette époque que dans les armées. Douglas, après le retour de Bruce en Écosse, traversait le pays montagneux de la Tweddale, près du lac Line, quand par hasard il entendit parler quelques personnes dans une ferme, et prononcer le mot de *diable*; concluant de cette expression hardie que cette maison était habitée par des militaires, il l'attaqua aussitôt, et eut le bonheur de faire prisonnier Thomas Randolph, qui fut dans la suite le comte de Murray, et Alexandre

Stuart lord Bonkle : tous les deux se battaient alors pour la cause de l'Angleterre, et étaient venus en Écosse dans l'intention d'en chasser Douglas : ils se rangèrent dans la suite parmi les plus zélés partisans de Bruce.

Note 4. — Paragraphe xvii.

On raconte généralement, et plusieurs y ajoutent une foi religieuse, que ce feu était réellement l'ouvrage d'une puissance supérieure, et qu'il n'était entretenu par la main d'aucun être mortel. L'on ajoute que, pendant plusieurs siècles, la même flamme apparaissait tous les ans, dans la nuit et à la même heure à laquelle le roi la vit pour la première fois de la tour du château de Brodick. Plusieurs vont même jusqu'à dire que si ce moment était connu d'une manière précise, on la verrait encore.

Note 5. — Paragraphe xxxiii.

J'ai suivi la tradition qui rapporte que Bruce, après sa descente sur la côte d'Ayrshire, s'empara immédiatement du château de sa mère.

Note 6. — Paragraphe xxxiv.

Ces coupes s'appelaient *mazers*. Il en est fait mention dans un inventaire fort curieux des trésors et bijoux de Jacques III.

CHANT VI.

Note 1. — Paragraphe iv.

Edward Ier, selon la politique ordinaire des conquérans, employa les Gallois qu'il avait soumis, dans les guerres d'Écosse, pour lesquelles leurs habitudes, comme montagnards, les rendaient singulièrement propres.

Note 2. — Paragraphe ix.

Les Fitz-Louis ou Mac-Louis, autrement appelés Fullarton,

sont une ancienne famille de l'île d'Arran. On dit qu'ils sont d'origine française, comme l'indique leur nom. Ils s'attachèrent à Bruce lors de sa première descente à Arran.

NOTE 3. — Paragraphe x.

L'ordre de bataille qu'adopta le roi Robert à la bataille décisive de Bannock-Burn nous a été transmis très-exactement par Barbour; c'est une leçon utile aux tacticiens. Cependant, jusqu'à ce qu'il ait été commenté par lord Hailes, cet important trait d'histoire a été, en général, étrangement défiguré par les historiens.

NOTE 4. — Paragraphe xx.

C'est une vieille tradition, que ce refrain écossais si connu *hey tutti tailli* était la marche de Bruce à la bataille de Bannock-Burn.

NOTE 5. — Paragraphe xxi.

Maurice, abbé de Inchoffray, se plaçant sur une éminence, célébra la messe à la vue de l'armée écossaise.

NOTE 6. — Paragraphe xxiv.

Roger Ascham rapporte un proverbe écossais qui dit : « Que chaque archer anglais porte à sa ceinture vingt-quatre Écossais. » Le bon lord Douglas redoutait si fort les archers anglais, qu'il donnait à ceux qu'il faisait prisonniers le choix de perdre le pouce ou l'œil droit.

NOTE 7. — Paragraphe xxiv.

Il m'a été dit que ce vers demandait une note explicative; et, dans le fait, ceux qui ont été témoins de la patience muette avec laquelle les chevaux se soumettent aux plus cruels traitemens, pourraient douter de leurs plaintes dans le moment d'une douleur soudaine et insupportable. Lord Erskine, dans un discours prononcé à la chambre des lords sur un bill tendant à prescrire l'humanité envers les chevaux, fit connaître un fait remarquable, que je craindrais d'affaiblir en essayant de le répéter. Le hasard me fit entendre, à moi-même, un cheval au moment de son agonie, poussant un cri perçant que je regarde encore comme le son le plus mélancolique que j'aie jamais entendu.

NOTE 8 — Paragraphe XXV.

Outre d'Argentine, il périt plusieurs chevaliers des plus nobles familles d'Angleterre. Barbour dit qu'on trouva deux cents paires d'éperons dorés sur le champ de bataille, et l'auteur pourrait ajouter que tous ne furent pas recueillis, car il possède un éperon antique fort curieux, trouvé depuis peu de temps.

Les résultats de la bataille de Bannock-Burn furent d'établir complètement l'indépendance nationale de l'Écosse.

FIN DES NOTES DU LORD DES ILES.

LA VISION

DE

DON RODRIGUE.

(The Vision of Don Roderick).

Quid dignum memorare tuis, Hispania, terris,
Vox humana valet!

CLAUDIEN.

PRÉFACE.

Le poëme suivant est fondé sur une tradition espagnole. Don Rodrigue, le dernier roi goth d'Espagne à l'époque de l'invasion des Maures, eut, dit-on, la témérité de descendre dans un antique souterrain près de Tolède, dont l'ouverture était regardée comme devant être fatale à la monarchie espagnole. La légende ajoute que son audacieuse curiosité fut punie par une représentation emblématique de l'invasion de ces mêmes Sarrasins, qui, dans l'année 714, le défirent en bataille rangée, et réduisirent l'Espagne sous leur domination. J'ai tenté de prolonger la vision des révolutions de la Péninsule jusqu'à la crise actuelle, et de la diviser en trois périodes par un changement supposé de scène. La première représente l'invasion des Maures, la défaite et la mort de Rodrigue, et se termine à l'occupation paisible du pays par les vainqueurs. La seconde période embrasse l'état de la Péninsule après que les conquêtes des Indes, par les Espagnols et les Portugais, l'eurent élevée à l'apogée de la gloire, souillée cependant par la superstition et la cruauté : une allusion aux barbaries de l'inquisition termine ce deuxième tableau. La dernière partie du poëme retrace l'époque qui précéda la trahison sans exemple de Buonaparte, donne une esquisse de l'usurpation, et se termine à l'arrivée des secours de l'Angleterre.

Il est peut-être convenable de déclarer ici que l'objet de ce poëme est moins de célébrer ou de détailler des incidens particuliers, que de donner un tableau général des différentes périodes.

Je connais trop bien le respect dû au public, surtout par un auteur déjà souvent honoré de son indulgence, pour ne pas la lui demander encore ici, s'il trouve que ce poëme est bien au-dessous de son sujet. Il faut qu'on sache que, pendant que je me pressais d'exécuter un ouvrage composé pour une circonstance passagère et sur des événemens rapides, ma tâche fut cruellement interrompue par la mort successive du lord président Blair, et du lord vicomte Melville. Dans ces personnages distingués, j'avais non-seulement à regretter deux hommes importans pour l'Écosse, mais encore deux nobles protecteurs, dont l'estime et la faveur honorèrent mon début dans le monde, et qui, je puis l'ajouter avec orgueil et douleur, avaient daigné m'accorder, dans un âge plus avancé, une amitié généreuse.

J'aurais toujours eu de la peine à rendre ces vers dignes de mon sujet; mais je puis attribuer à cette interruption plusieurs négligences.

Édimbourg, 24 juin 1811

AUX

SOUSCRIPTEURS

DU COMITÉ

POUR LE SOULAGEMENT DES MALHEUREUX PORTUGAIS,

et

A JOHN WHITMORE, ESQ.

LEUR PRÉSIDENT.

CE POËME,

COMPOSÉ

au bénéfice de la caisse du comité,

EST

respectueusement dédié

PAR L'AUTEUR,

WALTER SCOTT.

INTRODUCTION.

I.

Est-il une harmonie dont les sons inspirés puissent se faire entendre distinctement au milieu du tumulte des batailles; ou s'est-elle perdue à jamais avec ce maître de la lyre qui chanta le siège et les malheurs d'Ilion? De tels accords, ô Wellington, parviendraient à ton oreille au-delà de la plaine immense de l'Océan; ni les acclamations, ni le bruit des armes n'en dénatureraient la pure mélodie : ils s'élèveraient jusqu'aux cieux dans les intervalles des bruyantes fanfares qui annoncent la victoire de la Bretagne et la vengeance de la Lusitanie.

II.

Oui! cette harmonie puissante se marierait à tous les sons confus, à tous les accens de terreur ou de triomphe, de tristesse ou de joie, qui retentissent sur les rives ravagées du Mondego. — Aux cris des guerriers couronnés par la victoire, à la voix plaintive des femmes, aux gémissemens du laboureur ruiné, aux acclamations des captifs qui voient rompre leurs fers, au murmure farouche de l'oppresseur repoussé, et à l'hymne d'une nation qui célèbre la chute de l'usurpation tyrannique.

III.

Mais nous, faibles ménestrels des âges modernes, qui ne savons qu'imiter les antiques bardes,— nous, timides, et à qui les transports de l'inspiration sont inconnus, pourrons-nous payer le tribut que réclame ta gloire? Tu fournis à nos lyres un sujet digne de ces favoris des muses, qui seuls auraient pu éterniser ton nom, un sujet digne de la lyre d'Homère et du noble génie de Milton.... pourrons-nous y prétendre, nous poètes dégénérés !

IV.

Montagnes sauvages, dont le sein servit d'asile aux défenseurs de la liberté écossaise, et vous, torrens dont les sombres mugissemens les invitaient au sommeil, quand ils revenaient vainqueurs du champ de bataille, dites, avez-vous perdu tous ces accords augustes et majestueux que vous confiaient les chœurs des bardes ou des druides, alors que leurs chants de gloire s'élançaient jusqu'aux nues, que le vallon de Cattraeth retentissait du concert de la harpe mystérieuse de Merlin et de la voix de Llywarch aux cheveux blancs?

V.

Oh! si vos solitudes conservent cette antique mélodie, comme semblent souvent le dire vos brises changeantes, quand tour à tour bruyans précurseurs des tempêtes, et paisibles messagères des beaux jours, elles imitent les éclats sonores de la trompette, et les modulations de la harpe... Si vous pouvez faire répéter à vos échos cette harmonie triomphante, communiquez-la au ménestrel qui vous aima avec tant de constance, qui recueillit pieusement les vieilles traditions éparses dans vos déserts, et tenta de leur donner une voix nouvelle dans ses chants.

VI.

Jamais jusqu'ici, quoiqu'il se soit si souvent distrait de plus graves travaux par le charme des vers, jamais il n'a imploré dans une phrase poétique l'inspiration d'une muse ou des divinités champêtres; il abandonnait dans le vague des airs les accords échappés à sa lyre. S'il fut applaudi, il ne rechercha jamais les suffrages; ce n'est pas pour lui qu'il vous adresse encore aujourd'hui cette prière : que ses chants soient dignes de la gloire d'un héros ! qu'ils soient immortels !..... et que le nom du poète soit oublié.

VII.

Écoutez ! leur réponse m'est adressée du haut de ce rocher brumeux :

— Ménestrel, ta lyre romantique, dans son essor capricieux, a obtenu une renommée passagère; mais elle sera peut-être bientôt perdue comme la légère vapeur du foyer d'une chaumière. Si tu as la présomption de remplir une telle tâche, ce n'est pas à nous qu'il faut demander des accords dignes d'un héros.

Les siècles ont roulé sur les siècles, des générations se sont écoulées depuis que nos vallons et nos rochers entendirent le tumulte des combats et les joyeuses fanfares des vainqueurs.

VIII.

—Les leçons de nos traditions antiques s'effacent, excepté dans ces lieux où la naïve laitière aperçoit encore les fées qui renouvellent leurs danses sous les berceaux de la blanche aubépine ou autour de la source enchantée de Minchmore ; il est encore quelques vieux bergers qui chantent leurs légendes, auxquelles tu daignes presque seul prêter une oreille attentive, et qui racontent d'obscures querelles, les ravages de la frontière et les grossiers exploits des excursions nocturnes faites sur le Teviot, la Tweed ou la Tyne.

IX.

—Non, cherche ces contrées romantiques où le soleil, plus rapproché de la terre, y verse sans cesse la flamme éthérée de ses rayons, et où le villageois, après avoir terminé ses travaux, chante en vers improvisés quelque nom chéri, soit que ce tribut soit réclamé par les charmes d'Olalia aux yeux de diamant et aux cheveux d'ébène; soit qu'inspiré par les exploits de Grœme, il chante sur un air moresque la claymore sanglante de l'antique Albyn et la baïonnette de la verte Innisfaïl.

X.

—Cherche ces régions où la crête pierreuse de la sauvage Nevada porte un diadème de neige éternelle; va visiter l'orgueilleux Alhambra, qui dans son sein déchiré offre les pompeux monumens d'un peuple barbare; arrête-toi près de Tolède, dont la tour voit flotter les bannières d'un ennemi plus impitoyable que le Maure farouche. Là, du haut de ses vastes remparts, le citoyen ne cesse de jeter dans la plaine des regards inquiets, pour tâcher de découvrir les armées réunies de l'Angleterre, du Portugal et de l'Espagne.

XI.

—Là une étincelle du feu de Numance brille encore dans les yeux de l'Espagnol basané par le soleil. Son port majestueux, sa démarche grave et son visage sombre indiquent encore un orgueil et une constance inaltérables. Si l'éclat de la chevalerie féodale n'est plus, comme autrefois, le titre de gloire de tes gentilshommes, ô Ibérie, souvent du moins leurs vassaux sans cimiers ont vu fuir l'hildago couronné d'un panache, sans cesser de rester immobiles sur le champ de bataille..... Ils ont su résister bravement à la fortune et mourir.

XII.

— Ce peuple, toujours le même, chérit encore des récits dignes d'une harpe plus harmonieuse que la tienne; ses étranges traditions perpétuent le mystérieux souvenir des légendes, des visions, des prophéties et des miracles qui illustrèrent l'Espagne. Vole aux lieux où les bizarres merveilles de l'architecture arabe se marient aux créations plus sombres des Goths, et forment un modèle qui doit inspirer le ménestrel. C'est là que tu obtiendras ce que tu demandes; pars !—

Ainsi parla l'esprit des montagnes: j'écoutai avec un respect filial, et j'obéis.

LA VISION

DE

DON RODRIGUE.

―――

I.

Élevant leurs sommets au milieu d'un ciel sans nuage, qu'éclaire la blanche clarté de la lune, les tours et les clochers de Tolède semblent s'élancer du sein tremblant d'un lac argenté. Leurs ombres mêlées interceptent la vue de la vaste enceinte destinée aux sépultures qui s'étend à leurs pieds ; rien ne trouble le silence de la nuit, tout dort plongé dans les ténèbres ou dans les brillans reflets de la lune. Tout se tait, excepté le murmure éternel des flots rapides du Teïo.

II.

Parfois on distingue encore dans le lointain le hennissement ou les pas d'un coursier lorsque les cavaliers vigilans font leur ronde et relèvent les gardes du roi Rodrigue ; car les vapeurs dont la nuit couvre le fleuve laissent entrevoir obscurément des pavillons superbes, des tissus de soie et d'argent, des étendards déployés, et les armes des soldats sur lesquelles se reflète le flambeau de la lune.

III.

Mais depuis que l'airain religieux a appelé les fidèles à la prière du soir, les guerriers choisis auxquels est confiée la garde de Rodrigue occupent le même poste sous le porche de la vaste cathédrale; peu semblables aux Goths leurs ancêtres, ils portent d'élégans javelots et des casques incrustés d'or, au lieu de la lourde massue et du casque de fer. Des baudriers garnis de clous d'argent décorent leurs épaules auxquelles est attaché un carquois d'ivoire au lieu d'un glaive pesant.

IV.

Ils murmurent du retard de leur maître avec la légèreté des courtisans frivoles, et le raillent de la longueur de ses prières.

— Quoi ! se disent-ils, Rodrigue demeurera donc ici jusqu'au matin, passant la nuit en vaines oraisons? Est-ce qu'il ferait pénitence, pour réparer sa violence envers la belle Florinda ?

Et puis ils tournent vers l'orient leurs yeux fatigués, hâtant par leurs désirs impatiens l'aurore paresseuse.

V.

Cependant, dans le chœur du temple, le prélat de Tolède écoutait avec une surprise mêlée de terreur les aveux du monarque. Une lampe d'argent, seul témoin de cette confession douloureuse, leur prêtait sa mélancolique clarté. Rodrigue dévoilait ces secrets qu'il est si pénible de confier quand les craintes, les remords et la honte déchirent le cœur, accablé de l'invisible fardeau du crime, et que la conscience cherche dans ses aveux un refuge contre le désespoir.

VI.

Les rayons vacillans de la lampe éclairaient pleinement le visage du prélat et sa blanche chevelure, mais le traits de Rodrigue étaient cachés par sa main et les plis de son manteau, quoique sa tête fût découverte. Pendant qu'il déclarait les péchés secrets de son ame, le fier descendant d'Alaric n'aurait pu souffrir qu'aucun mortel observât son aspect, ou pût se vanter d'avoir vu la crainte sur le front d'un monarque, et le remords troubler les regards d'un guerrier.

VII.

Les joues flétries du vieillard pâlissaient à chaque secret révélé par le roi, qui exprimait par ses gestes et ses regards tout ce que ses lèvres tremblantes n'osaient articuler.

— C'est ainsi, dit-il, que périt le roi Witiza (1); cependant, saint père, ne crois pas que je sois l'auteur de ce meurtre. — L'ambition cherche toujours à voiler ses crimes. — Crois plutôt, ajouta-t-il, que ce fut la nécessité sévère : le soin de ma conservation m'en fit une loi ; il me fallut l'immoler ou mourir.

VIII.

— Et si Florinda fit entendre des cris d'alarme, si elle invoqua vainement son père absent, et implora ma pitié en se jetant à mes genoux, crains néanmoins, vé-

---

(1) Prédécesseur de Rodrigue, et qui fut assassiné par ce prince, suivant Rodriguez de Tolède.

nérable pasteur, de prononcer sur moi une sentence téméraire!....: Il est des apparences trompeuses : les femmes sont connues par leur adresse à déguiser leurs vrais sentimens.

Mais ici sa conscience, dédaignant cette coupable arrogance, colora ses joues d'un sang brûlant; il s'interrompit à ces mots, et le prélat se leva.

IX.

— Digne descendant d'une race de fer! que dirai-je de tes crimes? ô don Rodrigue! quelles aumônes, quelles prières, quelle pénitence peuvent effacer la noire souillure du meurtre et celle de la trahison! Comment intercéder pour le farouche ravisseur qui hésite dans son repentir, et se fait une gloire de son forfait?

— Comment espérer que l'Éternel daigne retarder la vengeance, à moins que, dans sa miséricorde pour cette armée chrétienne, il n'épargne le pasteur de peur de perdre avec lui le troupeau.

X.

Le tyran sentit s'allumer sa prompte colère, et son front reprit toute sa sombre audace.

— Eh bien! dit-il, j'accepte l'avenir dont je suis menacé; que le sang appelle le sang; que la trahison soit punie par des traîtres, et la violence par de justes malheurs! Mais ces malheurs, je veux savoir d'où ils nous viendront; je veux connaître ceux qui seront nos ennemis; tu peux exaucer ce désir, auguste prélat..... Donne-moi la clef fatale, et guide-moi dans ce souterrain mystérieux, où, si la tradition n'est point un mensonge, un roi espagnol doit voir un jour les destinées futures de sa patrie.

XI.

— Malheureux prince! révoque cette demande désespérée, ou tarde encore d'accomplir l'antique prédiction. Songe que ces portes magiques refusèrent de s'ouvrir aux monarques qui t'ont précédé sur le trône, et qu'elles ne s'ouvriront, dit l'oracle, qu'au dernier roi de leur race, sous lequel l'empire touchera à sa ruine, miné sourdement par la trahison et menacé par l'orage de la divine vengeance.

XII.

— Prélat! la volonté d'un monarque ne souffre pas de délai... Conduis-moi!

Le prélat prend la clef pesante et la lampe à la flamme incertaine; il guide le roi dans les détours d'un escalier, sous de sombres voûtes, et par un passage ignoré, au bout duquel il montre de l'œil un antique portail. Pendant que Rodrigue, n'écoutant que son désespoir, essaie la clef, les sourds mugissemens de la foudre ébranlent la cathédrale : il s'arrête deux fois, et deux fois fait de nouveaux efforts; enfin les énormes verrous cèdent, et les gonds bruyans gémissent tout à coup.

XIII.

Ces voûtes étaient élevées, vastes et profondes; les arceaux, le pavé, les murailles en étaient d'un marbre poli, noir comme celui des tombeaux, et tout scuplté d'emblèmes et de caractères étrangers. Une pâle lumière, comme celle de l'aube matinale, brillait dans cette enceinte, sans qu'on pût en découvrir la source; il n'y avait aucune ouverture : cependant don Rodrigue put observer des merveilles inconnues jusqu'à ce jour aux yeux des mortels.

XIV.

Sentinelles farouches, deux statues de bronze étaient placées contre le mur; leurs formes étaient massives, leur stature gigantesque; des couronnes d'or ceignaient leurs fronts menaçans. On eût dit deux images de ces rois géans qui vécurent et péchèrent avant les flots vengeurs du déluge. L'une tenait une faux; l'autre s'appuyait sur une massue : la première avait des ailes déployées, comme pour prendre l'essor; la seconde semblait rêver. L'une et l'autre paraissaient sévères, inflexibles et inexorables.

XV.

Le géant placé à main droite avait le regard fixé sur un cristal rempli de sable fugitif que tenait son frère; celui-ci semblait en mesurer les mouvemens rapides par un énorme livre de fer, sur lequel était écrite l'histoire des nations déchues, des empires détruits et des rois exilés. Au-dessus de la tête de ces deux géans se déroulait un écriteau sur lequel on lisait leurs noms ainsi qu'il suit : — Voici le *Destin* et le *Temps*, à qui le ciel a livré pendant quelques siècles le gouvernement de la terre.

XVI.

Cependant le sable fuit; et au moment où les derniers grains s'écoulent plus lentement, le géant de la droite commence à lever sa massue comme un homme qui se réveille d'un profond sommeil. La massue frappe soudain avec la force du tonnerre la partie la plus élevée de la voûte, qui s'écroule aussitôt en monceaux de ruines, et offre à Rodrigue étonné de nouvelles scènes de terreur.

XVII.

Il aperçoit par cette large brèche, comme dans les visions d'un songe, les royaumes de l'Espagne, châteaux et cités, qui semblaient réunis dans un tableau par un artiste habile. Ici les ombres d'une sauvage sierra (1) s'abaissent sur des plaines immenses dont l'œil du voyageur ne peut mesurer l'étendue; là le pampre et l'olivier toujours vert couronnent des coteaux; plus loin s'étend une noire forêt, et de puissans fleuves murmurent et se déroulent lentement.

XVIII.

Comme sur les théâtres antiques, on voyait passer tour à tour des cortèges de personnages différens de forme et de costume, pendant qu'une musique choisie préparait la mémoire des spectateurs; de même les yeux attristés de Rodrigue voient défiler en rangs successifs sur cette scène mystérieuse des groupes divers, qui lui représentent d'avance les batailles qui doivent se livrer, et les événemens à venir; de temps à autre d'étranges sons frappent son oreille.

XIX.

Ce fut d'abord le cri isolé d'une femme plaintive. Rodrigue sembla reconnaître cette voix, car il pâlit involontairement. Bientôt les échos du souterrain retentirent du son des tymbales, de tous les instrumens mauresques et des cris guerriers du Lélies et du Tecbir. Rodrigue n'a nul besoin qu'on lui explique ce tumulte de terreur : — Les Maures! s'écrie-t-il, les Maures! qu'on sonne le tocsin.

XX.

Ils arrivent, les voici! La plage blanchit sous les turbans de ces hordes de l'Arabie.

(1) Montagne.

Le sombre Zaarah rassemble ses tribus d'infidèles : Allah et Mahomet! tel est leur signal ; il faut céder au Coran ou au cimeterre..... Mais les chrétiens courent aux armes... Ces clameurs annoncent-elles une bataille? Ces armées de fantômes en viennent aux mains ; maintenant que Dieu et saint Jacques combattent pour l'Espagne!

XXI.

O ciel! les Maures sont vainqueurs, les chrétiens sont repoussés!... Leur lâche chef donne le signal de la fuite. L'indigne monarque tourne bride!..... — N'est-ce pas Orélia? Oui, c'est toi, noble coursier; jamais Orélia n'avait fui le combat : mais voyez le lâche qui la presse de l'éperon! Que la malédiction et la colère du ciel poursuivent ce vil esclave, que les torrens l'engloutissent sous leurs vagues. — Arrête, dit le prélat d'une voix tremblante, arrête, téméraire, ce fantôme c'est toi-même!

XXII.

Dans ce moment un torrent arrête la course du roi fugitif; il veut tenter ce dangereux passage, mais les flots engloutissent le cheval et le cavalier, qui disparaît comme le villageois qu'un fleuve débordé surprend dans la nuit. Les orgueilleux Musulmans couvrent toute l'Espagne : ils sont innombrables comme ces sauterelles qu'apportent les vents de l'Afrique. Les fils de Berber et d'Ismaël se partagent les dépouilles, mesurent le sol avec la lame de leurs cimeterres, et avilissent les peuples conquis par le joug de l'esclavage.

XXIII.

Alors s'élèvent les portes grillées des harems pour renfermer les vierges chrétiennes que leur beauté désigna comme victimes; alors, serviles flatteurs de l'infidèle, les jeunes nobles de la Castille lui versent le vin défendu; alors la croix, symbole sacré du salut, est arrachée de l'autel par des mains sacrilèges. L'écho de la nef du temple profané s'étonne de répéter au lieu de l'hymne religieux et de la mélodie de l'orgue, les plaintes grotesques du fakir et la danse frénétique du santon.

XXIV.

Que devient don Rodrigue? Il ressemble au misérable qui voit les flammes dévorantes briller sur le noir manteau de la nuit, entend autour de lui les cris de ses enfans et regarde les pâles spectateurs immobiles d'effroi, tandis que sa conscience lui donne la preuve amère que son imprudence ou son crime ont causé son malheur. Le toit près de crouler reste encore suspendu sur sa tête... Il maudit la terre et le ciel;... il se maudit lui-même... désespérant des secours de la terre et des secours du ciel.

XXV.

Le géant armé de la faux retourne son sablier fatal, et le crépuscule étend ses ailes sur ce spectacle de douleur. Les cris de guerre s'éloignent jusqu'aux montagnes d'Asturie, et sont remplacés par les sons du rebec ou du tambourin qui règlent la danse joyeuse du Maure, et se marient au son argentin de ses sonnettes; les bazars retentissent du tumulte confus du commerce; le Musulman lance son jerrid dans les tournois; et quand la nuit descendit sur l'Espagne, le chant de l'iman se fit entendre du haut des minarets.

XXVI.

Ainsi se termina cette première scène : avant qu'une seconde lui succédât, le théâtre fantastique fut rempli d'une fumée dont les flocons sulfureux étaient traversés par des traits de flamme accompagnés d'une explosion si terrible que Rodrigue crut que les anges de l'enfer avaient brisé leurs chaînes et déployaient contre le ciel l'étendard de la révolte. La guerre avait emprunté un langage nouveau et inconnu aux anciens guerriers; la fumée et l'éclair étaient devenus son souffle, et le tonnerre sa voix.

XXVII.

Les nuages s'écartent, et laissent voir un nouveau tableau de l'Espagne... Les chrétiens ont reconquis leur héritage; l'éclat du croissant a pâli devant la croix; partout s'élèvent des monastères, de superbes églises et d'humbles ermitages.

C'est un chevalier et un ermite qui gouvernent les descendans de Rodrigue, et qui sont pendant plusieurs âges les génies de l'Espagne. Le premier est revêtu d'une brillante armure; son nom est la Valeur; le second est couvert d'une haire, et s'appelle la Superstition.

XXVIII.

La Valeur ressemblait à un chevalier des temps antiques, armé de pied en cap et prêt à toutes les aventures; son épée était trempée dans les flots glacés de l'Èbre; la plume de l'aigle de la Moréna ornait son cimier, et les dépouilles du lion d'Afrique défendaient son sein. Il s'avançait avec arrogance, et jetait son gant comme pour défier les plus braves. Son compagnon le suivait d'un air sombre et grave.

XXIX.

Le génie guerrier laissait lire sur ses traits tout l'orgueil de son ame, et ne cessait de vanter ses titres, son origine, ses exploits et sa gloire; cependant le moine aux pieds nus était encore plus orgueilleux que lui; et comme le lierre embrasse le chêne de ses bras flexibles, de même le moine entourait les ames les plus nobles de ses artifices, et subjuguait par ses enchantemens secrets l'homme libre et fier. La vieillesse décorée de l'ermine et la jeunesse fameuse dans les armes, honorant sa discipline et sa haire, baisaient dévotement la trace de ses pas.

XXX.

C'est ainsi que la Valeur, ce chevalier incomparable qui jamais n'avait baissé la visière devant les rois, et qui fut toujours victorieux dans les combats et dans l'arène depuis le jour où il revêtit ses membres d'une cotte de mailles, la Valeur s'humilie devant cet anachorète, renonce à raisonner sur le bien et le mal, met à son premier signe la lance en arrêt, et trouble l'univers par ses barbares exploits. La Valeur était un champion aussi farouche que brave, aussi impitoyable que vigoureux.

XXXI.

Souvent ses navires vont aborder à quelque nouveau monde que le soleil visite avant ou après le nôtre. Sans cesse la Valeur revient jeter aux pieds du magicien les dépouilles conquises par son bras; ce sont les lingots d'or du Potose, les couronnes des Caciques, les aigrettes des Omras, dont les pierres précieuses qui les composent sont brisées et ternies; ce sont les idoles d'or enlevées aux temples païens et souillées d'un sang que l'ermite remarque avec un regard affreux et en souriant sous son capuchon.

XXXII.

L'ermite bénit ces offrandes, et ordonne qu'on rende au ciel des actions de graces : à sa voix les hymnes se font entendre, les encensoirs d'argent sont balancés; mais aux vapeurs embaumées se mêle la noire exhalaison des victimes étouffées dans la flamme : les gémissemens des captifs troublent les chants religieux; des cris d'agonie couvrent la voix des choristes, tandis qu'au milieu de ce bruit confus la scène s'obscurcit et s'efface aux yeux de Rodrigue.

XXXIII.

Un prélude harmonieux se fit entendre au moment où le géant renversa de nouveau les grains du sable. Cette musique ressemblait à celle qui annonce la danse champêtre et appelle les vendangeurs des rians coteaux de Xérès. Le jeune Castillan se réunit à sa compagne pour commencer le léger boléro; ils sont fiers, lui de sa toque brodée, elle de ses noires tresses et de son gracieux corset; déjà les danseurs s'élancent et agitent leurs castagnettes.

XXXIV.

Ces accords conviennent au nouveau tableau offert aux yeux du monarque. La Valeur a adouci son regard enflammé : tel qu'un lion apprivoisé, le champion est étendu aux pieds d'une dame, et son air languissant exprime qu'il ne peut plus soutenir le poids d'une armure. Devenu aussi moins pieux, il se hâte de marmotter ses prières. Mais le joyeux villageois émonde la vigne, le muletier parcourt en sifflant les coteaux et les vallons; sur la pelouse du village résonnent les airs joyeux de la séguidille.

XXXV.

L'antique Royauté, devenue impuissante, laisse échapper le sceptre de ses mains sans vigueur; elle voit avec insouciance sa puissance usurpée par une femme infidèle et son audacieux favori. Mais la paix règne dans les chaumières, loin des intrigues de la cour et des querelles des factions : l'amour fait ses tendres aveux sous l'ombre du châtaignier, au son de la guitare. Le soleil disparaît lentement, et cède à regret le ciel à la douce étoile du soir.

XXXVI.

Comme ce nuage de la mer qui fut aperçu des hauteurs du Carmel par le prophète Tishbite, et qui, semblable à une main, couvrit lentement de son ombre la terre d'Israël, offrant d'abord quelques teintes brillantes d'or et de pourpre empruntées aux rayons du soleil, mais qui bientôt roulant plus épais et plus sombre, obscurcit entièrement la voûte du ciel, et versa une pluie de grêle au milieu des sifflemens de la tempête ; —

XXXVII.

Tels on vit s'avancer au milieu de ce peuple tranquille les bataillons de l'étranger, semblables à des groupes de nuages. Leur chef portait son épée dans le fourreau ; son front annonçait la paix ; il tendait la main en signe de franchise, déguisant la perfidie qu'il méditait sous un masque spécieux, jusqu'à ce qu'il eût pris possession de tous les passages. Alors s'évanouirent le serment de l'honneur et les liens de l'amitié ! Il étendit sa serre de vautour, et déclara que l'Espagne était sa proie.

XXXVIII.

Son front soucieux portait une couronne de fer, digne diadème d'un cœur comme le sien, qui jamais n'accorda rien aux remords, à la pitié et à la honte : élevé dans les rangs des soldats, il croyait que la gloire du guerrier pouvait être fière d'une guirlande conquise dans les batailles, quoique son nom ne fût consacré ni par la loyauté ni par l'honneur. Placé sur un trône par la fortune, il se souciait peu de la bonne foi des monarques et de la voix royale de la clémence.

XXXIX.

Il naquit dans une île sauvage : l'étincelle qui, échappée du foyer d'une cabane, embrase peu à peu une ville entière, n'a pas une origine plus vile et plus basse; et quant à l'ame qui anima ce fléau de la terre... : elle n'a pas une source plus corrompue et plus impure, cette noire inondation qui, sortie d'un fétide marécage, corrompt les germes des moissons et se rend fameuse par la famine qu'elle cause (1).

XL.

Devant ce chef marchait à grands pas le fantôme d'une femme qui portait une torche semblable à un météore avec laquelle elle le guidait à travers les orages de la guerre; Rodrigue le vit renverser tout ce qui s'opposait à son passage, sans craindre ni même remarquer ce qu'il écrasait sous ses pieds. Chaque fois que le fantôme secouait sa torche, des royaumes ne pouvaient rassasier son orgueil ni le sang désaltérer sa soif; ce fantôme était l'Ambition, entourée de toutes ses terreurs, et qui ne daignait plus comme jadis revêtir une forme séduisante.

(1) Le poète écossais ne dit ici rien de plus fort que le poète français qui vient de parcourir *ces deux îles*. Il est juste de rappeler que ceci fut écrit en 1812, dans toute l'exaltation de l'animosité réciproque des deux nations. Nous verrons bientôt le langage de l'historien. — Éd.

XLI.

Une vengeance vulgaire n'est plus indigne de ses projets; elle n'épargne plus un ennemi vaincu, comme lorsque, pour changer les destins de Rome antique, elle traversa le Rubicon à côté de César; ce n'est plus son bonheur de répandre en largesse les dépouilles qui ornent son triomphe, comme lorsque les guerriers de la Grèce se virent réunis sous les drapeaux du jeune roi de Macédoine; son nouveau favori ne lui demande aucun masque qui la déguise, il a vu les traits hideux du fantôme, et l'a aimé dans sa nudité.

XLII.

Le prélat contemple ses bannières représentant des victoires remportées sous de lointains climats, et les aigles victorieux qui le précèdent.

— Espères-tu donc, dit-il, que ta puissance sera durable?... tu as semé sur le sable, et tu l'as arrosé avec le sang du carnage. Sache, cruel fléau envoyé par l'Éternel, que les arbres qu'une telle pluie a humectés périront avant de fleurir, et que l'homme de sang périra d'une mort sanglante.

XLIII.

L'impitoyable chef appelle du geste une ombre pâle. C'est son frère à qui il ordonne de fléchir les genoux, et de recevoir sur son front la couronne d'Espagne pendant que les trompettes sonnent et que des hérauts crient : Castille !

— Est-ce l'amitié fraternelle qui inspire le tyran? Non, ce cœur farouche n'aime que lui-même; cependant il entoure de ses guerriers le trône de ce nouveau prince, afin que le pauvre mannequin puisse jouer son rôle d'esclave couronné, et se mouvoir par ses signes.

XLIV.

Le silence de la terreur ne pèse pas long-temps sur ce royaume outragé ; ses citoyens s'indignent enfin du parjure. D'une voix unanime ils s'écrient tous : Aux armes! et ils volent tous au combat. Le génie de l'Espagne, la Valeur se réveille et s'arrache au plaisir et à la mollesse, comme le Nazaréen (1), interrompant son sommeil, brisa soudain ses liens, et opposa son terrible bras à ses perfides ennemis.

XLV.

Ce roi de théâtre promène un regard inquiet sur les satrapes qui l'entourent, il se dépouille de son manteau royal, détache le diadème qui lui ceint le front, et cherche son salut dans la fuite. Les clairons des patriotes de l'Espagne retentissent depuis Tarik jusqu'aux montagnes de Bilboa. Les satellites du roi fugitif défendent encore quelque temps son trône déserté, s'intéressant peu à sa cause, mais combattant pour eux et pour la gloire.

XLVI.

On entend ces clairons sur les cimes de l'Alpuhara. L'écho de Comuna en répète les sons. La noble Grenade leur répond par un cri de guerre. Ils vont ébranler les palais maures de Grenade ; la Galice envoie ses enfans au combat, la sauvage Biscaye en tressaille de joie, Valence se réveille, et, toujours les premiers au danger, les ardens miquelets courent à leurs carabines.

XLVII.

Incapables de trembler et altérés de combats, les agresseurs s'avancent, sûrs de la victoire, habiles dans

(1) Samson.

l'art de réunir ou de diviser leurs forces, habitués aux triomphes et aux fatigues. Leur chef sait aussi assurer ses conquêtes en soufflant la discorde, en semant la jalousie, imposant par ses forfanteries et sachant corrompre et séduire, tandis que l'Espagnol n'a que des cœurs exaltés par la liberté, et des bras disposés à frapper pour elle.

XLVIII.

Ils s'avancent fièrement!... mais ils ne termineront pas une campagne par une seule bataille, comme lorsque leurs aigles, parcourant le nord, détruisaient un ancien royaume chaque fois qu'elles s'arrêtaient. Le ciel destine un autre sort à l'Espagne : en vain le fer et le feu s'unissent pour la dompter, de nouvelles armées de citoyens semblent sortir des tombeaux de ceux qui ne sont plus. Le vaste incendie de la guerre s'étend au loin, et souvent le dieu des batailles favorise le parti de la justice.

XLIX.

Aux lieux où les ennemis de la liberté triomphent, leurs ravages ne restent pas sans expiation. Les soldats du tyran dévastaient pendant le jour les vallons et les collines, mais au retour des ombres, les guérillas, semblables aux tempêtes nocturnes, vengeaient la patrie sanglante, perçaient les cœurs et mutilaient les bras des meurtriers : quand l'aurore venait éclairer l'ouvrage de la nuit, on reconnaissait les cadavres des oppresseurs au milieu des ruines qu'ils avaient amoncelées.

L.

Quel ménestrel pourrait dire combien de fois, au milieu de ces combats fantastiques que contemplait Rodrigue, les étendards de l'Espagne furent renversés et relevés, toujours glorieux dans la défaite comme dans la victoire. Cette vision représentait tous les événemens et les combats de l'avenir. Le carnage et le démon des ruines, montés sur l'aile de la tempête, poussaient des cris de joie en voyant les cadavres entassés interrompre le cours des fleuves, et le sang inonder la terre.

LI.

Saragosse! maudit soit le ménestrel qui prononce ton nom sans les éloges qui lui sont dus! Jamais la harpe des bardes ne célébra une fidélité mieux éprouvée, un courage plus constant! La mine, la bombe, tous les arts de la destruction étaient ligués contre tes remparts. Deux fois l'ennemi fut repoussé de tes ruines, et lorsque enfin la destinée te livra aux conquérans, ils ne trouvèrent plus Saragosse, mais le tombeau de ses enfans.

LII.

Lève fièrement la tête, cité malheureuse! quoique dans les fers, tu ne saurais être esclave! tu peux exiger le respect de tous les cœurs qui chérissent la liberté, dont tu as si bien servi les autels!... Que ta sainte héroïne soit à jamais honorée par tous ceux qui aiment l'honneur, quelle que soit leur croyance! Telles que les restes d'un bûcher qui mérita le ciel à un bienheureux martyr, que tes cendres fumantes soient sacrées pour tout cœur loyal.

LIII.

Tu ne fus pas la seule livrée à la destruction! Belle Girone, tes guerriers ont aussi des droits aux louanges du poète; tes guerriers qui, fidèles jusqu'à la mort, demeurèrent sur tes remparts pendant qu'un nuage aussi noir que la vapeur d'une forge était suspendu sur leurs têtes. Cette fumée, plus épaisse par l'explosion de la mine, était passagèrement traversée par l'éclair du canon, par les éclats des bombes et la lueur rougeâtre qui découvrait l'ennemi prêt à monter à l'assaut.

LIV.

Pendant que tout était danger, terreur et carnage, pendant que la terre tremblait et que le ciel était obscurci, on entendit au milieu du fracas assourdissant des ruines le cri trois fois répété qui exprime l'enthousiasme d'Albion, soit qu'elle salue la coupe ou le combat, soit qu'elle excite le courage de ses enfans ou leur gaieté.

LV.

Don Rodrigue se tourne du côté d'où s'élève cette acclamation. La scène change : là où l'Océan se confond avec les nuages, une belle flotte fend avec fierté l'onde amère. Les mâts sont ornés du symbole de saint George uni à la croix d'argent que chérit l'Écosse. Les navires s'approchent de la côte; le soleil brille sur les baïonnettes, les glaives et les lances; l'écho du rivage renvoie aux matelots leurs joyeuses clameurs.

LVI.

C'était un spectacle terrible, et cependant bien fait pour exalter le cœur. Les vagues écumaient sous les coups de mille avirons. A peine débarqués, les bataillons serrent leurs rangs. Le rivage est orné de leurs bannières : le bronze tonne; le signal guerrier du tambour se mêle aux fanfares des clairons et aux airs perçans du fifre; l'espérance de la patrie se réveille, la crainte est réduite au silence, les enfans de l'Océan viennent au secours de la Liberté.

LVII.

C'est une armée dont les rangs déploient toutes les formes de la guerre : les bataillons s'alignent, se serrent, et présentent une forêt de baïonnettes. Les escadrons foulent la prairie retentissante, et font luire l'éclair de leurs sabres; l'artillerie traîne ses foudres; et les officiers d'ordonnance se préparent à partir sur leurs légers coursiers, qui rivalisent de vitesse avec l'éclair.

LVIII.

Trois royaumes ont envoyé ces guerriers, tous frères d'armes, mais rivaux de gloire; l'Angleterre réclame les exploits de ses enfans pour en décorer sa couronne. On les reconnaît à leur démarche fière, à leur regard martial, à leur mépris de la mort quand il s'agit de la liberté, à leurs yeux bleus, à leur blonde chevelure, à la franchise de leurs paroles et à ces pensées patriotiques qui attachent le soldat aux lois de son pays.

LIX.

Et vous aussi, guerriers de la terre natale du ménestrel; Rodrigue voit vos toques et vos tartans; des formes et des traits plus rudes, un maintien plus grave distinguent les fils des montagnes; mais dans les batailles jamais cœur ne fut plus brave que celui qui bat sous le plaid écossais. Quand le pibroch donne le signal, vous obéissez à cette voix de la gloire... quel ennemi peut résister à votre charge impétueuse?

LX.

Écoutez! quel rire bruyant s'élève au milieu de ces bataillons qui mêlent les bons mots de la gaieté à la musique des batailles? Qui sont ces soldats qui vont à la mort en riant? Ce sont tes fils, ô Erin, tes fils braves et francs, affectueux dans la paix, terribles à l'heure du péril, vrais enfans de la nature, et capricieux comme elle. — Quel est le chef de toute l'armée? Ile d'Erin, prépare tes harpes; ce héros t'appartient.

LXI.

Je devrais maintenant montrer Vimeira sur la scène ; je devrais dire comment Rodrigue vit le combat de Talaveyra, Corunna pleurant sa victoire, et la crête de Busaco enflammée par la foudre : mais la fable ne pourrait plus servir aux louanges des héros ; ce théâtre fictif est-il assez vaste pour représenter tous les triomphes réels de l'histoire ; les fleurs de la poésie mensongère oseraient-elles se mêler aux lauriers immortels qui décorent les cimiers et la tombe des fils de la victoire ?

LXII.

Ou bien pourrais-je donner un libre essor à l'imagination, et porter une main téméraire sur le voile sacré qui dérobe l'avenir à l'inquiétude curieuse de l'espérance ? Peindrai-je les trophées de la gloire, l'Europe réveillée au récit de l'Espagne délivrée, et les nations courant aux armes, pendant que la renommée, les ailes déployées, appelle avec sa trompette le monde outragé à la liberté et à la vengeance ?

LXIII.

C'est en vain que mon regard cherche à pénétrer cet avenir que la destinée se réserve. La destinée ne livre aux poètes que le passé glorieux, les récits de l'histoire et les trophées des héros.

Le souterrain magique n'est plus ; le monarque, le prélat, tous les fantômes de ma création se sont évanouis comme la vapeur que dissipent les rayons du soleil ; cependant un dernier chant du poète citoyen est encore dû à la fidélité, à la valeur et à l'Espagne.

CONCLUSION.

I.

— Qui pourrait commander au torrent d'Estrella de remonter à sa source, quand il est poursuivi par le courroux de la tempête? Et, quand le golfe de la Gascogne mugit indigné contre les vents, qui pourrait lui imposer silence, comme une nourrice apaise un enfant? Que celui qui aurait ce pouvoir magique en use contre moi! Quand le torrent obéira à sa voix, quand les orages de la Biscaye se tairont à son signe, qu'il vienne, et qu'il tente de s'opposer au passage de mes aigles : seul, il les verra dociles à ses accens arrêter leur vol impétueux.

II.

— Qu'il vienne avant que leurs ailes victorieuses les aient portées sur les tours de Lisbonne, où elles se fixeront comme le symbole de notre conquête; qu'il vienne avant que les îles d'Albion soient englouties par les flots de la mer où elles règnent.

C'est ainsi que, sur le roc d'Alverca, le chef de la Gaule parle à ses maréchaux, à ses ducs et à ses pairs, pendant que ses légions s'avancent. Devant eux la terre, riche de vignobles et de troupeaux, sourit comme Éden aux premiers jours du monde; derrière eux s'étend un vaste désert où fume le sang du carnage.

III.

Le chef superbe accomplira-t-il sa menace, quoique le ciel ait entendu les gémissemens de cette terre opprimée; quoique la Lusitanie aiguise son glaive vengeur, et que les Bretons s'arment pour sa cause, commandés par Wellington?

Non, les montagnes de fer du Busaco lui opposeront un rempart inexpugnable! On verra reculer ses bandes en désordre, comme les flots du torrent écumeux, repoussés par un roc immobile, vont chercher une issue détournée.

IV.

Mais vainement le vautour d'Alcoba vient de faire sa proie de ses plus braves guerriers; fier du nombre de ses bataillons, le chef impérial ne renonce pas à satisfaire sa soif de sang et de rapines. La conquête qu'il s'est promise est devant ses yeux, et les femmes de Lisbonne peuvent compter du haut de leurs remparts ces soldats qui conquirent la moitié du monde; elles peuvent entendre les roulemens lointains du tambour qui rassemble les fils de la France pour livrer l'assaut.

V.

Pendant cinq lunes on entendit résonner ce tonnerre menaçant, et l'on vit cette armée ennemie jeter sur sa proie des regards avides, comme des loups affamés qui guettent une bergerie.... Mais un lion est sur le chemin, qui va leur fermer le passage. Ils se mettent enfin en marche, mais c'est pour abandonner leur camp et retourner sur leurs pas; ces feux que vous voyez briller ne les guident plus à la gloire, mais à une fuite lâche, ignominieuse et cruelle.

VI.

O triomphes des démons de la débauche et du carnage!! Quelles horreurs signalent leur passage! Le villageois est égorgé sous le chaume, le prêtre en cheveux blancs au pied de l'autel; la vieillesse et l'enfance implorent en vain la pitié; la chaste épouse est livrée à l'infamie, et les démons n'oublient aucun des crimes qui proclament leur haine immortelle pour l'homme et leur mépris pour le nom sacré du Très-Haut.

VII.

Le dernier des soldats de la Grande-Bretagne s'arrêtait pour contempler avec horreur ce spectacle de désolation; partageant son morceau de pain avec un pauvre malheureux, il essuyait la larme de son œil sévère, et saisissait son fusil avec une nouvelle ardeur. Les fils pacifiques de la Bretagne ne paieront pas avec moins de zèle et d'enthousiasme la dette d'une généreuse sympathie. Ni le riche, ni le pauvre, ni le pair, ni le prince, ne refuseront leur tribut; on verra le paysan porter son obole, et le poète son poëme, quoique indigne d'un tel sujet (1).

VIII.

Mais toi, favori de la fortune, céderas-tu sans combats au destin; l'avantage du terrain ne pourra donc même plus te rendre ton ancienne confiance; voilà le passage de Marcella, les montagnes de Guarda! Fugitif, tant de fois vainqueur, tourne encore une fois la tête, regarde la Fontaine-de-l'Honneur (2), ainsi nommée sans doute par quelque barde doué de l'esprit de prophétie, à qui il fut révélé que, près de ces ondes, tu laverais la tache faite à ta gloire; retourne-toi, fils déchu de la Fortune; rachète ici les faveurs de la déesse.

(1) Allusion à la pensée qui inspira le poëme dédié au comité des secours pour les prisonniers. Il est curieux de voir le soldat anglais si sensible! Le fut-il toujours et partout ? — Éd.

(2) Traduction littérale des mots espagnols *Fuente de Honor*.

IX.

Mais auparavant réunis tous tes soldats, et surtout ceux qui n'ont pas entendu rugir le lion, ou qui ont oublié Talaveyra et le rivage de Mondégo ; réunis tous les soldats; appelles-en de nouveaux; épuise tous les stratagèmes de la guerre; précipite légions sur légions contre ton ennemi, fatigue son bras; tu ne saurais abattre son ame.

X.

Vainement les rives de l'Aguéda sont hérissées de fer; vainement tes escadrons couvrent la plaine d'Alméda, et bravent le bronze des batailles avec cette impétueuse valeur qui leur donna tant de fois la victoire; cesse de te réjouir des cris plaintifs des Calédoniens qui gémissent de la mort de Cameron... La vengeance et la douleur redoublent leur force... Les montagnards, altérés de vengeance, mettent les gardes-géans du despote en fuite.

XI.

Va ! fanfaron déçu dans tes projets, va fléchir le courroux de ton maître impérieux ! va lui apprendre le sort de ses légions.! Dis-lui que leur courage et ton habileté ont cédé à la valeur généreuse des Anglais, défenseurs de la liberté. Ajoute que Wellington fut ton vainqueur, et, s'il se met en courroux, qu'il vienne lui-même tenter la fortune : nous avons pour nous Dieu et la justice de notre cause.

XII.

Mais vous, héros de cette journée, un poète inhabile et inconnu osera-t-il vous payer son tribut de louanges à chacun de vous, et attacher sur vos fronts les lauriers de la victoire ? Cependant ma harpe voudrait bien au moins lancer au loin sur les mers le nom de Cadogan ; et lui peut-être reconnaîtrait-il la voix du ménestrel, s'il n'a pas oublié qu'il eut avec lui une courte entrevue dans les îles éloignées de l'occident où mugit la mer atlantique.

XIII.

Mais c'est une tâche difficile, quand les Bretons tirent l'épée, de célébrer chaque chef et chaque bataille. Écoutez, Albuera fait retentir le nom de BERESFORD, et Barosa celui de l'intrépide GROEME ! Ah ! si le poète avait une voix capable de rivaliser avec celle du bronze pour répéter de tels noms et en multiplier l'écho dans l'univers. Jamais plus glorieux lauriers ne couronnèrent des vainqueurs plus braves.

XIV.

Oh ! qui disputerait les lauriers d'Albuera à celui qui conduisant au combat un peuple régénéré, l'excita à se montrer l'émule de ses pères, guida son impétueux ressentiment, fortifia son courage, releva le bouclier déchu de la belle Lusitanie, aiguisa son glaive, et apprit à ses enfans l'art oublié de manier les armes. — Brisée soit ma harpe avec toutes ses cordes, si jamais elle perdait le souvenir de tes mérites, ô BERESFORD.

XV.

Le jour de cette sanglante bataille, quoique les légions de la France fondissent sur lui comme des torrens, on ne vit pas la moitié de sa valeur ; il ne risquait en ce jour illustre que sa vie ; mais, quand il fit faire de savantes évolutions à ces soldats qui combattirent aussi bien que les Anglais, il brava les traits de la censure et de la honte plus aigus que le fer de la lance polonaise, ou que la pointe de la zaguaie ; il risqua sa gloire militaire plus chère que la vie.

XVI.

Mais gloire aussi à celui qui s'efforça de cacher sous l'armure du guerrier la blessure d'une tendre affection, et dont le ciel n'exauça pas le vœu, par amour pour sa patrie; il chercha le danger et la mort, il trouva la gloire. De climat en climat cet exilé volontaire accourait partout où sonnait le clairon de la guerre. Cependant, Calédonie, tu occupais seule sa pensée sous la tente et dans les marches militaires. Au milieu des Alpes, il rêvait aux monts d'Athole; dans la voix de l'Èbre il entendait la voix du Lyndoch chéri.

XVII.

Ah! héros d'une race renommée depuis des siècles, dont le cri de guerre a retenti sur les champs de bataille depuis ces premiers combats où l'on vit tomber la muraille romaine ! cri glorieux de Grœme, tu fus répété encore aux côtés de Wallace, et plus tard à Alderne, Kilsythe et Tibber. Le défilé de Tummel s'en souvient avec effroi ; mais jamais tu ne te fis entendre sur un plus noble champ d'honneur, que lorsque les échos de la sauvage Ronda apprirent à te mêler aux sons de la victoire.

XVIII.

(1) Mais trop long-temps déjà ma barque téméraire s'est hasardée au travers des mers inconnues, au milieu des écueils. Pour terminer comme ferait Spencer, je profite du vent favorable pour regagner le rivage. J'a-

(1) Imitation de Spencer.

perçois de loin la côte bleuâtre, je vois le port s'ouvrir devant moi; je ploie gaiement ma voile fatiguée; ma proue légère touche le sable. J'arbore le pavillon de la Calédonie, et j'amarre ma nacelle.

FIN DE LA VISION DE DON RODRIGUE.

NOTES
DE LA VISION DE DON RODRIGUE.

NOTE 1. — Stance IV de l'Introduction.

CATTRAETH, lieu célèbre par une bataille.

Llywarch, monarque et barde tout à la fois, était prince d'Argood dans le Cumberland.

Merlin Wild ou Merlin le sauvage appartient à l'Écosse, par sa retraite dans un bois de l'ancienne Calédonie.

NOTE 2. — Stance VIII.

Le peuple du Selkirkshire croit encore aujourd'hui à l'existence et aux fêtes nocturnes des fées. Une fontaine appelée Cheesewell est regardée comme consacrée à ces esprits fantastiques, et c'était l'usage de se les rendre propices en jetant quelque chose dans cette onde en passant. Une épingle était l'offrande ordinaire, et cette cérémonie est quelquefois renouvelée de nos jours.

NOTE 4. — Stance IV de la première partie.

Florinda, fille du comte Julien, était appelée par les Maures Caba ou Cava.

NOTE 5. — Stance X.

Extrà muros, septentrionem versùs, vestigia magni alius theatri sparsa visuntur. Auctor est Rodericus, Toletanus archiepiscopus, antè Arabum in Hispanias irruptionem, hic *fatale palatium* fuisse;

quod inscienti vates æterna ferri robora claudebant, ne reseratum Hispaniæ excidium afferret; quod in fatis non vulgus solùm, sed et prudentissimi quique credebant, sed Roderici ultimi Gothorum regis animum infelix curiositas subiit sciendi quid sub tot vetitis claustris observaretur; ingentes ibi superiorum regum opes et arcanos servari ratus. Seras et pessulos perfringere curat invitis omnibus : nihil præter arculam repertam, et in eâ linteum; quo explicato, novæ et insolentes hominum facies habitusque apparuêre, cum inscriptione latinâ : *Hispaniæ excidium*, ab illâ gente imminere: vultus, habitus Maurorum erant. Quamobrem ex Africâ tantam cladem instare regi cæterisque persuasum, nec falsò, ut Hispaniæ annales etiamnum quæruntur.—*Hispania Ludov. Nony.*, cap. LIX.

Note 6. — Stance XIX.

Le techir (*allah acbar*, Dieu est grand), cri de guerre des Sarrasins.

Le lélies est l'acclamation d'allah, illah, allah.

Note 7. — Stance XXI.

Orélia, la cavale de Rodrigue, est célébrée dans les romans espagnols, et aussi par Cervantes (1).

Note 9. — Stance XLIII.

Au couronnement d'un roi de Castille les hérauts crient trois fois : *Castilla, Castilla, Castilla*; cette cérémonie ne fut pas oubliée à l'inauguration de Joseph Buonaparte.

Note 10. — Conclusion. — Stance XIV.

Ce fut le feld-maréchal Beresford qui disciplina les Portugais.

Note 11. — Stance XVII.

Allusion à la gloire des Græme ou Grahame, qui date des siècles de l'empereur Sévère. Montrose était de cette famille antique, et le vicomte de Dundee.

(1) Southey l'appelle Orelio. — Éd.

FIN DES NOTES DE LA VISION DE DON RODRIGUE.

LE
CHAMP DE BATAILLE
DE WATERLOO.

POËME.

(The Field of Waterloo).

C'est en vain que Valois brava le jeune Edward.
Vainement de Français une élite nombreuse
Attaqua sous Albert notre noble étendard,
Vere, et de ses archers la troupe généreuse.
Les écuyers d'Audley, de Mowbray les soldats,
Dont une longue route a ralenti le pas,
Retrouvant tout à coup leur force et leur vaillance,
Emmènent prisonnier le monarque de France.

AKENSIDE.

A SA GRACE

LA DUCHESSE

DE WELLINGTON,

PRINCESSE DE WATERLOO,

ETC., ETC., ETC.,

CE POËME

EST DÉDIÉ COMME UN RESPECTUEUX HOMMAGE,

PAR L'AUTEUR.

LE CHAMP DE BATAILLE DE WATERLOO.

I.

Aimable Bruxelles, tu es loin derrière nous, quoique nous puissions encore entendre le son prolongé de la cloche de l'horloge, dont le vent nous apporte la voix solennelle du haut de l'orgueilleuse tour de Saint-Michel. Nous voici au milieu de la sombre forêt de Soignies, dont les hêtres, les bouleaux et les chênes, entrelaçant leurs branches touffues, forment sur nos têtes un dôme de verdure. L'épais taillis semble inviter le voyageur; mais l'œil curieux y cherche en vain un accès; le tapis de feuilles fanées qui couvre le sol ne reçoit ni les rayons du soleil, ni l'humidité de l'air, ni l'eau de la pluie.

Aucune vallée ne s'ouvre devant nos pas; aucun ruisseau ne traverse le sentier; l'étroite allée que nous suivons se prolonge en sombres arcades, dont les voûtes uniformes se perdent dans l'éloignement.

II.

Mais enfin un tableau plus animé s'offre à nous; la forêt s'écarte en groupes épars. Des halliers, des chaumières, des prairies et des champs de blé apparaissent dans les intervalles. Le diligent villageois saisit gaiement sa faucille. — Ah! quand ces épis étaient encore verts, le laboureur, voyant la destruction si près de lui, désespérait de jouir jamais de leur maturité! Quel est ce hameau et ce clocher rustique? — Que vos regards ne dédaignent pas sa grossière architecture; vous êtes à Waterloo!

III.

Ne craignez pas la chaleur, quoique le soleil éclaire le ciel d'automne, et qu'à peine un des arbres voisins de la forêt nous prête l'ombre de son feuillage. Ces champs ont vu un jour plus ardent que celui qui fut jamais embrasé par le soleil. Avancez encore un mille: —Cette haie couronne une colline qui domine la plaine, et s'abaisse avec une pente si douce, que les plis du voile d'une beauté ne forment pas des ondulations plus faciles. A quelque distance plus loin, le terrain, s'élevant de nouveau, forme du côté opposé un rideau qui borne l'horizon. Le vallon renfermé dans cette enceinte forme un terrain uni pour le pas des chevaux; la nymphe la plus timide peut sans trembler abandonner dans ces sentiers les rênes de son blanc palefroi : aucun arbre, aucun buisson ne s'opposent à son passage ou n'effraient sa monture; point de fossés, point de palissades, excepté aux lieux où s'élèvent les tours démantelées d'Hugomont.

IV.

Apercevez-vous dans ces lieux solitaires quelques traces des événemens dont ils furent naguère le théâtre? — Un étranger pourrait répondre : — Cette plaine couverte de chaume paraît avoir été récemment dépouillée de ses épis; et là de noires traces indiquent le passage des chariots pesans du laboureur, chargés des gerbes de la moisson. Sur ces larges monceaux de terrain foulés aux pieds, peut-être les villageois ont-ils formé de ces danses que Téniers aimait à dessiner; là où le sol est noirci par la flamme ils ont préparé leur repas frugal; et la matrone du hameau a entretenu un feu de paille.

V.

Voilà ce que vous croyez! voilà ce que croient tous ceux qui voient ces lieux tels qu'ils sont en ce moment! Mais d'autres moissons que celles qui réclament la faucille du laboureur ont été recueillies par des mains plus terribles, armées de la baïonnette, du sabre et de la lance. A chaque coup fatal des rangs entiers de héros tombaient comme les tiges dorées du froment : avant la fin du jour on vit çà et là des monceaux de cadavres; moisson terrible des batailles.

VI.

Regardez encore : cette place noircie vous indique le bivouac; ces sillons profonds, les vestiges de l'artillerie tour à tour fatale aux deux armées. Non loin de cette vase durcie, le vaillant dragon précipita son coursier au milieu des torrens de sang. Ces excavations ont été produites par l'explosion de la bombe; ces vapeurs souillées que le soleil aspire de ce monticule, vous déclarent que le carnage s'y est rassasié de victimes.

VII.

Ah! ce sont bien d'autres moissons que celles qui appellent la faucille, dont ces campagnes furent témoins! La mort plana sur cette fête rurale, et le cri perçant des batailles invita les combattans à un banquet sanglant. L'œil du démon de la guerre observait tous les conviés à travers les nuages de fumée; son oreille ravie distinguait tous les sons de ce tumulte confus, la voix tonnante de bronze, les aigres accens de la trompette, les acclamations des escadrons, leur charge bruyante, les gémissemens des blessés, et les derniers soupirs des mourans.

VIII.

Assouvis-toi, cruel ennemi des mortels, assouvis-toi! mais ne pense pas qu'un combat si terrible puisse long-temps durer. Les guerriers sont des hommes, et leurs efforts cessent avec leur vigueur épuisée. — Vain espoir! Le soleil, caché par les nuages, entendit les premières clameurs du carnage, avant d'atteindre le milieu de sa carrière, et il allait s'éclipser derrière les ombres de la nuit, quand ces mêmes clameurs montèrent de nouveau jusqu'à lui : pendant deux longues heures de nouvelles troupes entretiennent la bataille; les colonnes ne cessent de se heurter; l'orage des canons et des bombes continue; la force et l'habileté guerrière s'aident réciproquement, et l'issue de cette sanglante journée est encore douteuse.

IX.

Bruxelles, quelles pensées étaient les tiennes pendant que tu entendais ce tonnerre lointain! Chacun de tes citoyens, respirant à peine, écoutait ces sons avant-coureurs de la mort, du pillage et des flammes (1). Quel affreux spectacle attristait leurs regards lorsque des blessés, victimes de ce long combat, traversaient les rues sur des chariots, d'où le sang ruisselait sur la poussière comme les gouttes d'une pluie.

Combien de fois le tambour semblait annoncer l'approche du cruel usurpateur, précédé du dieu des ruines qui agitait sa torche incendiaire et son glaive homicide!
— Rassure-toi, belle cité; c'est vainement que sa main est étendue comme pour saisir sa proie; c'est vainement que, peu accoutumé à la résistance, il s'irrite jusqu'à la fureur; c'est vainement qu'il renouvelle le combat.

X.

— Avancez, avancez, s'écrie-t-il d'un ton farouche; bravez le feu des batteries, précipitez-vous sur ces bronzes ennemis; avancez, ô vous, mes cuirassiers, mes hussards, ma garde, mes guerriers d'élite; chargez pour la France, pour la France et Napoléon!

Ces braves lui répondent par leurs acclamations, et applaudissent à l'ordre qui les envoie affronter un destin que leur chef évite de partager.

Cependant celui qui est le bouclier et l'épée d'Albion, toujours à la tête des siens, présent partout où le danger l'appelle, prompt dans l'action et bref dans ses paroles, accourt comme un rayon de lumière, et s'écrie:

— Soldats, soutenez le choc; l'Angleterre redira vos exploits.

---

(1) Des prisonniers de guerre ont affirmé que Bonaparte avait promis à sa troupe le pillage de Bruxelles pendant vingt-quatre heures. — W. S.

XI.

L'orage crève; l'éclair de l'acier brille à travers les nuages de fumée. La mêlée devient plus terrible; trois cents canons tonnent et vomissent une grêle de fer. Le cuirassier s'élance, le lancier se précipite; l'aigle guide au carnage ces cohortes jusqu'alors invaincues; leurs acclamations les précèdent, et font entendre le nom impérial au milieu du feu et des vapeurs sulfureuses.

XII.

Mais les Bretons reçoivent cette charge sans éprouver de terreur : leurs yeux ne perdent rien de leur fierté; aucun d'eux ne recule, tous voient de sang-froid les mourans et les morts.

Car à peine leurs rangs sont-ils ouverts par les foudres ennemies, que chaque ligne se serre de nouveau; la place de ceux qui ne sont plus est occupée par d'autres, jusqu'à ce qu'ils aperçoivent les casques et les panaches ennemis à la distance de trois lances; c'est alors que leur feu se réveille : chaque fusilier décharge son arme avec la régularité qu'on admire un jour de parade. Les casques et les lances tombent; les aigles descendent de leurs bannières, les coursiers et les cavaliers chancellent et sont renversés, les cuirasses se brisent en éclats, et les bannières sont en lambeaux. Pour augmenter le désordre, la cavalerie anglaise prend l'ennemi en flanc, et force sa résistance. Aux décharges de mousqueterie succède alors le cliquetis des épées, le hennissement des chevaux; les glaives retentissent sur les cuirasses comme le marteau du forgeron sur l'enclume. Les canons, bien servis, achèvent la déroute; lanciers, cuirassiers, infanterie, cavalerie, confondent leurs rangs, et se retirent sans chefs et sans étendards,

XIII.

Wellington, ton œil perçant reconnut que c'était l'heure critique pour décider du sort de nos armes. Les guerriers de la Bretagne avaient soutenu le choc des enfans de la France comme les rochers de leur île celui des flots; mais quand ta voix eut dit : Avancez! ils furent eux-mêmes les flots impétueux de leur Océan.

O toi, dont les funestes desseins ont exposé ton armée à cette heure de honte, penses-tu que tes braves fatigués pourront résister à ces vagues qui fondent sur eux? Tu tournes les yeux du côté de ces nouveaux escadrons qui accourent dans le lointain : d'autres bannières se déploient, d'autres canons résonnent! — Cesse de croire que ce sont tes propres troupes qui arrivent triomphantes de la Dyle... Blucher t'est-il donc inconnu? As-tu oublié les sons de haine et de vengeance que les trompettes de la Prusse te firent entendre si souvent aux jours de tes disgraces?

Que te reste-t-il à faire? te mettras-tu toi-même à la tête du reste de tes guerriers pour tenter un dernier effort? Tu aimais à distraire tes loisirs par l'histoire de Rome, et tu n'ignores pas quels furent les destins de ce chef qui, s'égarant jadis dans les sentiers de l'ambition, entreprit avec les gladiateurs de conquérir l'empire. Ah! si du moins il affronta les périls auxquels l'exposait son audace téméraire, il n'abandonna pas les victimes qu'il avait entraînées à leur ruine; il creusa sa tombe sanglante avec sa propre épée, et fut enseveli sur le champ de bataille, théâtre de sa défaite, abhorré, mais non méprisé.

XIV.

Mais si une pensée moins généreuse te fait préférer la

vie, quelque prix qu'elle doive te coûter, tourne bride; quoique vingt mille Français soient morts dans cette journée fatale, se sacrifiant à ta gloire, que tu n'hésites pas à déserter lâchement pour prolonger tes jours. Les âges futurs croiront-ils ton histoire pleine d'inconséquences? Es-tu l'homme du pont de Lodi, de Marengo et de Wagram! ou ton ame est-elle comme le torrent des montagnes, qui, enflé par les pluies d'hiver, roule ses flots redoutés; mais qui, privé de ces secours, dégénère en un obscur ruisseau, dont le cours ignoré n'offre plus que les vestiges de ses anciens ravages.

XV.

Fuis! puisque tu as pu entendre sans émotion tes vétérans s'écrier, en te voyant prendre la fuite : — Ah! s'il avait seulement su mourir! — Fuis, puisque tu as pu voir leurs yeux verser des larmes de rage et de honte.

Mais cependant regarde encore une fois avant de quitter la colline fatale; regarde tes guerriers en désordre, sur lesquels la lune jette une sinistre clarté, comme celle qu'elle fait luire sur les flots troublés, quand les fleuves franchissent leurs rives, et qu'elle découvre à demi aux yeux du laboureur ruiné les débris que le courant entraîne. Telle est la confusion des bannières, des batteries et des armes partout où la déroute poursuit ces guerriers qui, au lever de l'aurore, défiaient tout un monde.

XVI.

Écoute. Ces cris de vengeance t'annoncent que la lance des Prussiens est teinte du sang des vaincus. Elles furent moins terribles ces clameurs que tu entendis quand les flots glacés de la Bérésina furent rougis et fondus par le sang et la flamme, et que les enfans du Don répétaient leurs sauvages hourras en te poursuivant. Non, ton oreille ne fut pas frappée d'un cri d'horreur plus sinistre quand, abandonné par toi,... oui par toi,... le vaillant Polonais trouva le tombeau d'un soldat dans le fleuve de Leipsick, encombré de cadavres. Dans ces divers périls du passé, le destin te réservait d'autres leçons pour l'avenir; du dé fatal que tu viens de jeter ne dépend pas une seule bataille, une seule campagne!..... ta gloire, ton empire, ta dynastie, ton nom sont perdus à jamais; et sur ta tête dévouée, la dernière goutte de l'urne fatale des vengeances célestes est répandue.

XVII.

Puisque tu veux vivre, ne refuse plus de courber la tête devant ces démagogues, naguère objets de ta haine et de tes mépris, qui vont livrer à de vains débats ta destinée impériale... Ou dirons-nous que tu t'abaisses moins en demandant un refuge à l'ennemi contre le sein duquel ta main dirigeait sans cesse ton glaive, aux jours de ta prospérité?

Un pareil hommage fut rendu autrefois par des héros de la Grèce et de Rome; ton choix serait honorable, s'il était fait librement... Mais viens sans crainte; dans un homme descendu si bas, et dénué de tout secours, nous ne pouvons reconnaître un ennemi, quoiqu'une expérience chèrement acquise nous force d'ajouter que jamais nous ne saluerons en toi un ami! Viens toutefois; mais ne conserve plus dans ton cœur ce germe d'orgueil qu'y découvrait dernièrement (1) un barde inspiré, l'espoir de ressaisir le sceptre impérial; ne pense pas que nous laissions encore une fois l'ambition relever sa tête

---

(1) Lord Byron: *Ode à Napoléon Bonaparte.*

superbe; viens sans crainte, mais aucune île ne t'appellera plus son roi; tu n'auras plus de gardes, plus de symbole de ton règne passé, qui puisse devenir un poignard dans la main à laquelle nous avons arraché l'épée.

XVIII.

Cependant, dans l'étroite prison qui t'est destinée, puisses-tu penser à une victoire plus noble que toutes celles qui t'ont illustré; une victoire remportée sans verser de sang, qui t'appartiendra tout entière; c'est celle qui t'est réservée, si tu parviens à dompter ces passions et cette ame opiniâtre qui corrompirent tes jours de prospérité. C'est ce qu'ose te faire entendre un cœur qui ne peut comparer sans émotion et sans soupir *ce que tu es* avec *ce que tu aurais pu être*.

XIX.

Et toi, dont les faits d'armes sont au-dessus de la reconnaissance d'une nation, tu trouveras ta véritable récompense dans ton propre cœur. Les justes acclamations de tout un peuple, celles de toute l'Europe, le sourire de ton prince, les décrets honorables de notre sénat, le rang ducal, l'ordre de la jarretière, ne pourraient te procurer une jouissance aussi pure que celle que tu goûteras en pensant à la vue de ton épée : — ce glaive fut toujours tiré du fourreau pour le bien public, et le ciel a voulu qu'il n'y rentrât jamais qu'après la victoire.

XX.

Jetons un dernier coup d'œil sur ce champ de bataille, et ne repoussons pas l'émotion plus douce qu'il produit dans nos cœurs; le triomphe et la douleur sont proches l'un de l'autre, et la joie elle-même s'exprime souvent par des larmes. Hélas! que de liens d'amour a brisés en ce jour la main cruelle de la guerre! car jamais victoire ne fut si chèrement achetée. Voyez dormir d'un commun sommeil tous ceux que l'affection pleurera long-temps : ici est un père qui ne pressera plus ses enfans sur son sein ; là un fils que la voix de sa mère ne bénira plus dans sa terre natale ; à côté de l'amant qui s'est arraché aux premiers embrassemens de sa pudique fiancée, repose l'époux dont de longues années d'amour fidèle avaient consacré l'hymen. Quand vous voyez une jeune fille cacher son pâle visage sous un voile de deuil, ou une femme verser soudain des larmes aussitôt qu'elle entend le son du tambour, tandis que, consumé d'une douleur plus mâle, un père étouffe un soupir dans son sein... épargnez-vous une vaine question pour en savoir la cause, et pensez à Waterloo.

XXI.

Jour de gloire et de regrets, que de héros tu vis périr ! que de noms consacrés par le souvenir de la Bretagne obtinrent ici leurs derniers titres à l'immortalité! Tu vis expirer dans des flots de sang Picton à l'ame de feu ; Ponsonby blessé, et De Lancy échanger les guirlandes de l'hymen contre les lauriers d'un beau trépas ; Miller jette son dernier regard sur les étendards d'Albion ; Cameron succombe comme un vrai descendant de Lochiel, et le généreux Gordon se sacrifie au salut de son chef. Ah! quoique l'ange protecteur de la Bretagne couvrit de son bouclier le héros de notre île, la destinée lui fit éprouver ses rigueurs en le frappant dans ses amis.

XXII.

Pardonnez-moi, illustres morts, ces vers imparfaits : qui pourrait vous nommer tous? quelle harpe sublime pourrait donner à chacun la gloire qu'il a si légitimement acquise, depuis ce capitaine déjà fameux, jusqu'au soldat encore ignoré? Que les larmes arrosent vos tertres de gazon, que le sommeil des braves soit sacré jusqu'au moment où le temps finira; que jamais un Anglais ne passe auprès de leur noble tombeau sans bénir les guerriers qui combattirent à Waterloo.

XXIII.

Adieu, champ de douleur, qui portes encore les traces des ravages de ce jour terrible : ma mémoire se rappellera long-temps tes chaumières renversées et toutes les traces de destruction qui noircissent les tours d'Hugomont. Mais quoique les vertes arcades de tes jardins aient été transformées en postes d'artilleurs, quoique tes arbres aient été consumés par l'explosion de la bombe, et tes vergers dévastés, n'as-tu pas du moins conquis un nom immortel? Oui, on peut oublier Azincourt, Crécy et Blenheim; mais l'histoire et la poésie consacreront pendant des siècles les tours d'Hugomont et Waterloo.

CONCLUSION.

Sombre fleuve de la vie humaine! tu ne connais point de repos; mais, poursuivant ton cours depuis le berceau jusqu'à la tombe, tu entraînes toujours sur tes flots de nouvelles générations à leur fin; ton onde reçoit également la barque joyeuse sur laquelle flottent les bannières du plaisir, le bateau au fond duquel se cache le crime, l'esquif du pêcheur et la barque qui porte une cour, tous ces navires voguent ensemble vers le même port.

Sombre fleuve du temps! quelles alternatives d'espérance et de terreur ont parcouru nos barques fragiles; jamais des vicissitudes aussi étranges n'avaient été connues à une seule génération; jamais ces changemens multipliés, ce passage subit de la joie à la douleur et de la douleur à la joie, jamais des luttes aussi terribles ne se renouvelleront pour les âges à venir jusqu'au terme où tes flots cesseront de couler.

Tu t'es généreusement montrée, ô ma patrie! tu as continué avec vaillance le combat dans la bonne comme dans la mauvaise fortune; tu es restée constante dans la cause la plus juste, celle du ciel et de tes droits; soit qu'une moitié du monde ait tourné contre toi tous ses guerriers réunis, soit que, revenue à de plus nobles projets, l'Europe ait tiré l'épée pour seconder la reine de l'Océan.

Te voilà dignement récompensée, quoique l'éclat de ta gloire ait triomphé lentement, semblable aux premières lueurs de l'aurore dans l'horizon, qui peu à peu embrasent la vaste circonférence du ciel. L'Égypte vit s'élever ses premiers rayons; ils brillèrent enfin sur les myrtes de Maida, où le soldat, rempli d'une généreuse émulation, rivalisa avec les héros de la mer, et se lava d'un injuste reproche dans le sang des ennemis.

Maintenant, île impériale, lève la tête, et déploie la bannière de ton patron, saint Georges, la fleur des chevaliers! car tu as affronté comme lui un dragon, délivré l'innocence et foulé aux pieds la tyrannie vaincue. Tu peux montrer fièrement au monde l'emblème de ton saint chevalier, qui humilia l'orgueil, et vengea la vertu outragée.

Toutefois, au milieu de la confiance que t'inspire une gloire chèrement acquise, mais qui ne doit t'en être que plus chère, écris, ô terre d'Albion, écris cette leçon morale :

— Ce n'est pas seulement ton courage et ta discipline admirée sur maint champ de bataille qui doivent te rendre fière; l'amour d'une vaine gloire, la soif de l'or peuvent produire de tels exploits; mais c'est la constance dans la bonne cause qui seule légitime les trophées de la valeur.

FIN DU CHAMP DE BATAILLE DE WATERLOO.

MÉLANGES

POÉTIQUES.

(Songs and Miscellanies).

LA DANSE DE LA MORT.

(The Dance of Death).

―――

I.

La nuit allait disparaître devant l'aurore sur la plaine de Waterloo : les coqs avaient fait entendre leur chant matinal; mais aucun rayon n'avait encore brillé sur les hauteurs du mont Saint-Jean : des nuages prolongeaient le règne des ténèbres; des tourbillons de vent, des coups de tonnerre et une pluie d'orage annonçaient une heure fatale. L'éclair luisait fréquemment à travers la nuit, et découvrait le bivouac où le soldat était étendu, glacé par le froid, trempé par la pluie, et désirant le retour de l'aurore, quand bien même le jour devrait lui apporter la mort.

II.

C'est à une heure semblable que les magiciens, les magiciennes et les démons ont tout pouvoir, et que des formes hideuses apparaissent aux yeux doués de seconde vue, au milieu du brouillard et de la pluie ; c'est alors que l'oreille du prophète effrayé entend d'étranges paroles qui présagent la mort et la ruine aux enfans des hommes.

A quelque distance des guerriers d'Albyn, le vieux Allan était tourmenté par l'insomnie ; le vieux Allan, qui pendant de longues années avait suivi, en vassal fidèle, dans la mêlée des combats, le vaillant Fassiefern, petit-fils de Lochiel. Il n'accompagne plus ce chef qui succomba au milieu du sang de ses amis et de ses ennemis ; mais long-temps encore les rives du lac qui l'ont vu naître, Sunart, Ardgower et Morven raconteront comment le brave Cameron entendit en expirant à Quatre-Bras les acclamations de la victoire.

III.

La sentinelle fatiguée entendait dans le lointain les pas fréquens des coursiers de la patrouille ; mais les sons qui frappent l'oreille d'Allan ne frappent que la sienne ; ils ne sont visibles qu'à ses yeux les fantômes qui exécutent leur danse magique, semblables aux météores des marais ; ce sont les fantômes qui président à la destinée de ceux qui sont réservés au trépas. Tels furent les sons que l'on entendit et les fantômes qui apparurent quand Jacques d'Écosse se préparait à marcher vers la fatale plaine de Flodden ; tels étaient les spectres chargés de désigner les victimes, et qu'adoraient les Danois encore païens quand ils tiraient du fourreau leurs glaives impitoyables. Les fantômes dansent les mains entrelacées et avec des gestes effrayans : le prophète, qui les distingue confusément sur les nuages, voit les flammes de l'éclair plus rouges à travers leurs formes vaporeuses ; leurs chants sinistres avaient pour objet la bataille et les guerriers destinés à la mort.

IV.

CHANT DES FANTOMES.

— Allons, recommençons nos danses magiques pendant que l'éclair luit et que le tonnerre gronde ; appelons le brave à sa tombe sanglante, où il dormira sans linceul.

— Nos pieds aériens et légers ne courbent point le seigle, qui fléchit la tête quand la tempête mugit, et qui se balance en ondulant, chaque fois que la brise souffle ; cependant les épis que nos pieds ont foulés au lever de l'aurore sont ravagés le soir, et confondus dans un mélange de sang et de noire poussière.

V.

— Allons, continuons nos danses pendant que l'éclair luit et que le tonnerre gronde ; appelons le brave à sa tombe, où il dormira sans linceul.

— Continuons nos danses ! Valeureux fils de la France, nous allons vous céder la place où doivent se déployer au loin votre appareil de guerre, vos bannières, vos panaches et vos lances. Approchez, approchez, fiers cuirassiers ; place aux hommes bardés de fer : le glaive pénétrera à travers les casques et les cuirasses.

VI.

— Allons, continuons nos danses pendant que l'éclair

luit et que le tonnerre gronde; appelons le brave à sa tombe, où il dormira sans linceul.

— Fils de la lance, vous reconnaissez notre approche dans vos songes affreux ; l'œil de l'imagination vous découvre nos formes; vous distinguez notre cri fatal. Avant la nuit, quand vos ames séparées du corps prendront leur essor d'une aile tremblante pour le séjour des félicités ou celui des tourmens, vous apercevrez plus clairement le chœur de la mort.

VII.

— Continuons nos danses pendant que l'éclair luit et que le tonnerre gronde; appelons le brave à sa tombe sanglante, où il dormira sans linceul.

— Fondez-vous, nuages, en torrens de pluie; une pluie de sang nous est destinée. L'orient commence à blanchir; cédons la place à une fête plus terrible; les carreaux et les flammes lancés par les mortels vont le disputer aux foudres de l'air ; la rage des élémens n'est rien auprès de celle de l'homme. —

VIII.

Au retour du matin les compagnons d'Allan entendirent avec un étonnement mêlé de crainte le recit de sa vision; mais l'œil du devin était sombre, son oreille insensible et ses membres glacés avant la fin du jour. Il repose loin des bruyères de ses montagnes; mais souvent ses compagnons répètent l'histoire de sa vision, autour du feu de la garde, quand l'aurore vient faire pâlir la flamme des tisons à demi éteints.

FIN DE LA DANSE DE LA MORT.

LE BRACONNIER.

(The Poacher).

FRAGMENT.

(Imitation du style de Crabbe.)

— Grave étranger ! sois le bienvenu dans nos vertes retraites où sont réunis l'exercice, la santé et l'indépendance; sois trois fois le bienvenu, sage dont le plan philosophique mesure les droits de l'homme sur les limites de la nature; salut, homme généreux comme celui qui tantôt crie vive la liberté, et tantôt paie cher un schall de cachemire, qui se rit de la cour et de la douane, trompe les percepteurs et nargue les rois. Semblable à son ame intelligente, la tienne, je pense, regarde les lois comme des pièges tendus aux hommes, et tu vois avec un sourire approbateur chaque rat qui échappe à la trappe; ton oreille a entendu avec mépris nos juges de paix expliquer les actes répressifs qui fixent des peines contre les chasseurs aux filets, et qui condamnent à la prison les bergers prenant les perdrix dans leurs lacs; ton bras vengeur briserait volontiers cette dernière chaîne de la servitude féodale pour rendre à tous les enfans libres de la nature la propriété du gibier de la forêt et du désert. Aussi as-tu vu avec douleur les habitans de Londres privés du bienfait d'une chasse annuelle, et tu aurais voulu renouveler pour eux le jour où la populace de Paris se rendit en foule à Chantilly, armée de fusils, de pistolets et de mousquetons. La décharge de tout un escadron épouvantait le pauvre levraut, et une brigade entière faisait feu sur une volée de perdrix : la *douce Humanité* approuvait la chasse, car l'alarme était grande et le mal peu de chose ; les acclamations patriotiques solennisaient cette expédition, et les échos de la Seine répétaient : *Vive la liberté!*

Mais le *citoyen* féroce, redevenu un souple *monsieur*, a repris ses anciennes chaînes et de plus pesantes encore; puisque tu ne peux plus revoir en France un spectacle semblable, viens observer avec moi un de tes héros, un homme dont les actions libres vengent la cause de la liberté champêtre sur les lois féodales. Pénétrons sous les ombrages où le chêne robuste domine la vaste étendue des bouleaux et des coudriers, laissant dans les intervalles des tertres isolés où la bruyère se confond avec un dur gravier, et où s'élèvent çà et là l'if solitaire et quelques houx aux feuilles lustrées. C'est ici qu'un sentier un peu dégradé descend par des détours sinueux dans une vallée profonde... Suis-moi, mais prends garde de faire un faux pas : la philosophie peut glisser dans la fange. Marche avec prudence sur ce terrain mouvant, jusqu'à ce que, guidés par la fumée du charbon, nous arrivions à la porte barricadée de cette chaumière de la misère. Aucun foyer ne reçoit le feu, aucune issue n'est ouverte à la fumée; les murailles sont de claie et la toiture de feuillage; car, d'après les statuts de nos forêts, si une hutte semblable peut être construite dans l'espace d'une nuit et d'un jour, dans le même comté où l'éperon du fils de Guillaume-le-Conquérant (1) est encore l'insigne de la loi, celui qui l'élève avec cette promptitude a le droit de l'habiter comme propriétaire.

Approche, et jette un coup d'œil à travers la croisée; ne tremble pas; celui qui y demeure dort enveloppé de ses sales couvertures; car les travaux du pillard sont finis jusqu'à ce que le soleil s'abaisse à l'occident. Chargé et prêt à armer une main désespérée, son fusil est à son côté; autour de la hutte sont déposés en désordre le butin, et les instrumens de son coupable métier, levier, scie et bâton, qu'il emploie tour à tour pour résister ou fuir, voler de vive force ou par ruse; c'est dans ce coin là-bas qu'il tient sa poudre, fruit d'un larcin, et le plomb qu'il a dérobé au toit de l'église.

Ici sont des harpons et des filets, là des peaux de daims et de lièvres, des plumes de faisan, des ficelles et des fils d'archal pour fabriquer des lacets: d'un autre côté est renfermé le gibier tué récemment, et qui attend la charrette du coquetier complice.

Regarde son sale grabat, et observe son sommeil. A combien d'émotions troublées son sein est en proie; son front basané est inondé d'une froide sueur, sa respira-

---

(1) Telle est la loi dans le Hampshire, qui tend à augmenter le nombre des voleurs et des braconniers. Pour marque de sa charge, le président de la cour qui juge des délits de la chasse porte un ancien éperon qu'on dit être celui de Guillaume-le-Roux.

tion est courte et oppressée; entre chaque effort qu'elle fait, la nature demande une pause. Son gosier semble tiraillé par des mouvemens convulsifs, tandis que ses lèvres bégaient comme si elles hésitaient à prononcer tout bas des paroles de sinistre augure, des mots de passe, des menaces et des imprécations : quoique engourdi par la fatigue et le brandevin, son corps goûte le sommeil, mais son ame inquiète veille sans cesse au-dedans de lui, exerçant dans les bois ses déprédations, ou se voyant avec effroi en présence de la justice.

— Ce tressaillement de terreur et de désespoir, ces yeux roulans dans leur orbite, cet air effaré sont-ils l'expression du regret d'avoir tué un lièvre? ses cheveux se hérissent-ils, fronce-t-il les sourcils pour avoir massacré en mars le coq de bruyère ou une perdrix?

— Non, railleur, non, écoute ma réponse avec une attention sérieuse; il n'est point de guichet à la porte des lois; celui qui veut franchir cette porte redoutable doit écarter tous les barreaux de fer qui la ferment. L'occasion, l'habitude, l'orgueil et la passion se réunissent pour l'assaillir et la forcer.

Ce coquin, évité et redouté de tous les honnêtes gens, et que les voleurs, les braconniers et les contrebandiers appellent Ned (1) le Noir, était autrefois Édouard Mansell, le plus frivole de tous ceux qui dansaient le dimanche sur la pelouse, et le chef de tous les jeux de Noël. La fête de la moisson s'embellissait de sa présence, et l'archet parcourait plus librement les cordes du violon quand Édouard indiquait l'air et conduisait la ronde. Son cœur était bon, ses passions ardentes, son

(1) Diminutif familier pour Édouard.

LE BRACONNIER.

rire partait du cœur : il aimait à manier un fusil, son père jurait que ce n'était qu'un goût de jeunesse qui passerait bientôt, et que lui-même avait eu il y avait trente ans.

Mais celui qui s'affranchit du joug légitime des lois doit fréquenter ceux qui en ont rompu tous les liens. Une peur commune de la justice unit bientôt le paysan qui dévaste la garenne ou trompe la douane, avec des félons plus coupables et qui sont peut-être teints du sang de son ami ou de son frère. Bientôt, comme dans les épidémies, la contagion se communique des individus aux masses, le coupable se ligue avec le coupable, et le même motif leur fait à tous regarder l'impunité comme leur espérance, et la loi comme l'objet de leur crainte... Leurs amis, leurs ennemis, leurs rendez-vous sont les mêmes jusqu'à ce que la caisse du gouvernement étant pillée, et le gibier détruit, l'exemple conduit le contrebandier et le braconnier à des actions plus noires.

Le vent mugissait à travers les rameaux de la forêt, et fréquemment le hibou répétait son cri funèbre ; le spectre de Guillaume-le-Roux errait autour du lieu où il reçut jadis le coup mortel ;... quand il jeta son fatal coup d'œil sur le marécage, le vol soudain du butor agita les joncs de l'onde stagnante. La lune, brillant de l'incertaine lueur qui présage les tempêtes, paraissait et disparaissait par intervalles. Le vieux chêne abaissait ses branches, et puis les redressait avec un sourd craquement dans les airs troublés.

Cette même nuit, tapi au milieu des broussailles desséchées, le jeune Mansell épiait le chevreuil dans le parc de Malwood : le chevreuil passe, et reçoit le plomb meurtrier. Le garde vigilant accourt : un combat s'engage; le braconnier tombe, et, se voyant vaincu, tire son couteau!... Le lendemain matin on trouva un cadavre dans le bois... ce sommeil troublé peut vous dire le reste.

LE PÈLERIN.

(The Palmer).

Oh! ouvrez la porte, ouvrez par pitié; la bise souffle avec violence, la neige tombe par flocons et couvre toute la plaine : il est difficile de trouver le sentier.

Je ne suis point un vagabond qui frappe à la porte du château pour y chercher un refuge après avoir chassé le daim du roi ; mais un vagabond lui-même dans une nuit pareille aurait quelques droits à la compassion.

Je suis un pèlerin fatigué, affaibli par de longs voyages, j'erre au loin pour faire pénitence de mes péchés. Oh! ouvrez pour l'amour de Notre Dame, obtenez la bénédiction du pèlerin.

J'apporte des indulgences de Rome et de saintes reliques. Ah! si ce n'est pas assez pour vous décider à m'ouvrir, ouvrez-moi du moins par charité.

Le lièvre est tapi dans son gîte, le cerf est à côté de la biche, et moi, pauvre vieillard, exposé à l'orage, je ne puis trouver aucun asile.

Vous entendez le mugissement sourd de l'Ettrick ; son cours est grossi par les pluies ; je serai forcé de traverser à gué les sombres flots de l'Ettrick si vous n'avez pitié de moi.

Elle reste fermée la porte de fer à laquelle je frappe. Le cœur du châtelain est encore plus inaccessible, puisqu'il peut entendre, sans en être ému, mes douloureuses plaintes.

Adieu, adieu! Puisse la vierge Marie, quand vous serez chargé d'ans et infirme, vous faire la grace de ne jamais avoir besoin de l'asile que vous me refusez.

Le maître du château, mollement étendu dans sa couche, dédaigne son humble requête; mais souvent au milieu des orages de décembre il entendra de nouveau cette voix plaintive ;

Car lorsque l'aurore brilla sur l'onde de l'Ettrick à travers les vapeurs, elle découvrit un cadavre sans vie parmi les sureaux de la rive : c'était le cadavre du pèlerin.

LA VIERGE DE NEIDPATH.

(The Maid of Neidpath).

Selon une tradition du Tweeddale, pendant que le château de Neidpath, près de Peebles, était habité par les comtes de March, une passion mutuelle s'alluma entre une fille de cette noble famille et le fils du laird de Tushielaw dans la forêt d'Ettrick. Comme les parens de la jeune fille se refusèrent à une union peu assortie, le jeune homme s'exila dans les pays étrangers. Pendant son absence sa maîtresse tomba malade de langueur, et enfin le père consentit à ce que le fils du laird fût rappelé, comme seul moyen de lui sauver la vie. Le jour qu'il était attendu et qu'il devait traverser Peebles pour se rendre à Tushielaw, la jeune fille, quoique épuisée, se fit transporter sur le balcon d'une maison appartenant à sa famille pour voir passer celui qu'il lui était enfin permis d'aimer. Son inquiétude et son empressement donnèrent tant de force à ses organes qu'elle distingua, dit-on, le bruit des pas du cheval à une longue distance; mais Tushielaw, qui ne s'attendait pas à la trouver si changée ni à la voir dans un tel lieu, passa outre sans s'arrêter et sans même ralentir le pas. La jeune fille, incapable de supporter ce coup, expira dans les bras de ses suivantes.

On trouve un récit analogue à cette tradition dans le conte d'Hamilton, Fleur-d'Epine.

I.

Oh! la vue des amans est perçante, et leur oreille entend de loin : au terme de l'existence, l'amour peut accorder une heure de force et de santé. La maladie avait pénétré dans l'appartement de Marie, la douleur l'avait affaiblie, quoiqu'elle fût assise en ce moment sur la tour de Neidpath pour épier le retour de son amant.

II.

Ses yeux si brillans sont flétris et troublés, ses regrets ont consumé la fraîcheur de son teint; on pourrait voir pendant la nuit la clarté d'un flambeau à travers sa main amaigrie. Par intervalles le vermillon colore passagèrement ses joues, par momens elle devient si pâle que ses suivantes croient qu'elle va rendre le dernier soupir.

III.

Toute son énergie semble être concentrée dans les deux sens de l'ouïe et de la vue; avant que le dogue, gardien du château, ait dressé l'oreille, elle entend les pas du coursier; à peine un point apparait-il dans le lointain, qu'elle reconnaît son amant, et fait un geste pour le saluer : elle se pencha sur les créneaux comme prête à voler à lui.

IV.

Il arrive, il passe et jette sur elle un regard indifférent comme sur une étrangère; les tendres paroles que Marie bégaya furent perdues dans le bruit des pas du coursier. La voûte du château, dont l'écho répond au plus léger murmure, put à peine saisir le faible gémissement qui annonça que le cœur de Marie venait de se briser.

L'ABSENCE DE WILLIAMS.

(William's Absence).

―――――

J'ai été privée de tout bonheur le jour que tu m'as quittée pour monter sur un vaste navire, et parcourir l'immensité des mers! Oh! maudit soit ton vaisseau! j'errai sur le rivage; et je le maudis parce qu'il me séparait de mon Williams.

Tu as suivi ta fortune au loin sur les vagues, tu as souvent combattu les flottes de la France et de l'Espagne. Le baiser du retour vaut trente baisers d'adieu; j'ai retrouvé mon Williams.

Quand le ciel était sombre et que les vents gémissaient, je m'asseyais sur le rivage, les larmes aux yeux; je pensais au navire sur lequel était mon Williams, et je désirais que la tempête soufflât tout entière sur moi.

Maintenant que ton noble vaisseau est au mouillage, et que Williams absent est en sûreté parmi nous, je trouverais des sons harmonieux dans le mugissement des vents qui poursuivraient les flots écumeux sur les grèves d'Inchkeith.

Quand les tonnerres étincelaient, que les canons tonnaient et que tous les cœurs se réjouissaient d'une grande victoire, je pleurais en secret sur les dangers des combats, et ta gloire suffisait à peine pour me consoler.

Mais tu vas maintenant entretenir mon impatiente curiosité de l'histoire de tes aventures et de tes nobles cicatrices. Ah! crois-moi, je pourrai sourire, quoique une larme vienne mouiller mes yeux; car les récits de la guerre sont doux après le danger.

Oh! que d'incertitudes quand la distance sépare les amans, quand leurs yeux ne peuvent plus être les interprètes de leurs cœurs! Que de fois les plus tendres deviennent volages!... l'amour des plus fidèles a son flux et reflux comme la mer.

Parfois, — pouvais-je m'en empêcher? — je soupirais en me demandant si l'amour changeait d'accens comme l'oiseau sur les arbres touffus. Maintenant je ne veux pas savoir si tes yeux ont été volages; il me suffit que ton cœur loyal m'ait été fidèle.

Sois le bienvenu de tes courses sur les flots, toi qui viens de braver les fatigues et les périls pour l'honneur, toi qui viens de fournir des récits aux annales de la gloire, sois le bienvenu, mon guerrier, dans les bras de Jenny.

C'est assez humilier la Hollande et l'Espagne pour l'amour de la gloire; tu ne me feras plus pleurer, tu ne me quitteras plus; je ne veux plus me séparer de mon Williams (1).

---

(1) Cette ballade a dans l'original un charme de simplicité que la prose du traducteur ne peut reproduire que bien imparfaitement.   A. P.

CHANSON DE CHASSE.

(Hunting Song).

Réveillez-vous, joyeux seigneurs, aimables dames; le jour luit sur la montagne; tous nos chasseurs sont réunis avec leurs faucons, leurs chevaux et leurs pieux; les limiers accouplés deux à deux aboient, les faucons sifflent, les cors résonnent gaiement; tous ces accords se confondent : réveillez-vous, joyeux seigneurs, aimables dames.

Réveillez-vous, le brouillard a quitté la montagne, les sources ruissellent à la clarté de l'aurore, les diamans brillent sur la bruyère, les garde-forêts ont suivi avec soin la trace du chevreuil dans le vert taillis; nous répétons notre chanson : réveillez-vous, joyeux seigneurs, aimables dames.

Réveillez-vous, hâtez-vous d'accourir dans le bois; nous pouvons vous montrer le lieu où est tapi l'animal au pied agile, à la taille svelte; nous pouvons vous montrer les vestiges qu'il a laissés en aiguisant son bois contre le chêne; vous le verrez bientôt aux abois : réveillez-vous, joyeux seigneurs, aimables dames.

Chantez, chantez plus haut: réveillez-vous, joyeux seigneurs, aimables dames; la jeunesse et la gaieté sont de la partie. Qui peut frustrer le temps, ce sévère chasseur, intrépide comme le limier, agile comme le faucon; pensez à lui, et levez-vous avec le jour, joyeux seigneurs, aimables dames.

LA VIOLETTE.

(The Violet).

Sous son berceau de feuillage où le bouleau mêle son ombre à celle du coudrier, la violette peut se vanter d'être la plus belle fleur du vallon, du coteau et de la forêt.

Mais quoique ses pétales bleues, penchées sous le poids de la rosée, soient si belles, j'ai vu un œil d'un azur plus doux, briller à travers les larmes.

Le soleil sèchera cette rosée avant que le matin soit passé; la larme de nos tristes adieux n'humecta pas plus long-temps les yeux de mon infidèle.

A UNE DAME,

EN LUI OFFRANT DES FLEURS CUEILLIES SUR UNE MURAILLE ROMAINE.

(To a Lady with flowers from a roman wall.)

Agréez ces fleurs, dont la couleur de pourpre orna les ruines d'un rempart sur lequel les enfans de la liberté se virent bravés par l'étendard impérial de Rome.

Cette brèche offrait jadis aux guerriers le péril et des lauriers; elle n'accorde plus au passant qu'une guirlande de fleurs pour les cheveux de la beauté.

LE CHANT DU BARDE,

composé a l'époque d'une menace d'invasion (1804).

(The Bard's Incantation).

La forêt de Glenmore est sombre, la nuit confond les ombres du pin et du chêne; le vent cher aux montagnes siffle entre leur feuillage; la lune se montre à travers les nuages rapides; mais le lac troublé ne réfléchit point son disque; les vagues blanchâtres se précipitent et se brisent sur les écueils du rivage: il sort une voix du milieu des arbres, qui se mêle au craquement du chêne, à la bise de l'orage et au choc des flots contre les rochers; c'est la voix d'un barde inspiré qui traverse la forêt de Glenmore, et dont le chant se fait entendre malgré l'ouragan.

— Réveillez-vous du sommeil de la mort, ménestrels et bardes des anciens jours! car le vent de la nuit souffle sur la bruyère, et les météores font luire leurs sinistres clartés! l'Esprit à la main sanglante (1) erre dans la forêt, le hibou et le corbeau observent un silence de

(1) La forêt de Glenmore est la demeure d'un esprit appelé Lhamdearg ou Main-Sanglante.

LE CHANT DU BARDE.

terreur; c'est l'heure d'évoquer les morts! Ames des bardes, réveillez-vous, et dites quels accords sublimes rendirent vos harpes quand Lochlin sillonna les flots, et jeta sur vos rivages ses guerriers nourris de sang et de rapines, pourvoyeurs des vautours, et que vos harpes condamnèrent à mourir à Larg et à Loncarty (1).

— Quoi, vous êtes tous muets! aucun murmure étrange ne m'est apporté par la brise nocturne, aucune harpe ne fait entendre sa sauvage harmonie à travers les pins gémissans. Êtes-vous donc muets? Il n'en était pas ainsi quand le meurtre aux traces sanglantes et la rapine au bras de fer planaient sur vos montagnes! Oh! réveillez-vous encore une fois! répétez les chants par lesquels furent célébrés les exploits des chefs d'Albion, depuis Coilgach (2), qui le premier fit rouler son char à travers les rangs profonds des Romains, jusqu'à celui qui mourut vainqueur à Aboukir.

— Par leurs glaives, par leurs blessures et par leurs noms, charme tout puissant, par toutes leurs guerres et leurs trophées, bardes, levez-vous, pour répéter le chant de gloire; plus farouche que les soldats d'Hengist, plus impies que les Danois païens, plus ambitieuses que Rome, les légions terribles de la Gaule nous menacent!

— Le vent s'est tu, le lac est tranquille, d'étranges murmures frappent mon oreille; mes cheveux se hérissent, mes membres frissonnent à la voix effrayante de ceux qui ne sont plus.

(1) Où le roi de Norwège, qui envahit l'Écosse, fut deux foi battu.

(2) Le Galgacus de Tacite.

— « Quand les boucliers se heurtaient, quand les
» clairons sonnaient, quand les glaives étaient suspendus
» sur les casques des héros, nous étions aux premiers
» rangs, et nous chantions l'hymne de la liberté. »

ÉPITAPHE

Destinée à un monument de la cathédrale de Lichtfield, sépulture de la famille de miss Seward.

(Epitaph designed for a Monument, etc.).

Un simple marbre indique la tombe d'un père, sous les ailes de cet édifice où naguère ses préceptes indiquaient le sentier qu'il suivit pour aller au ciel. Ceux qu'il aima dans sa vie sont à ses côtés : ce monument d'une famille bienfaisante fut érigé par l'amour filial.

Voulez-vous encore savoir pourquoi un saule fléchit la tête avec grace sur le marbre? — pourquoi à ses rameaux est suspendue une harpe muette, emblème des ménestrels, et quel est le poète qui observe le silence dans ce cercueil jusqu'au jour où il se réveillera pour se joindre aux concerts des justes; hélas! une seule ligne suffit pour ma réponse! Honorée, chérie, pleurée, ici gît Anna Seward. Que l'amitié vous dise quelle fut la bonté de son cœur; allez demander son génie à ses vers immortels.

LE RETOUR A ULSTER.

(The Return to Ulster).

J'ENTENDS donc de nouveau, (mais que je suis changé depuis ma première absence!) j'entends donc de nouveau la voix sonore du Lagan, et les pins du Clanbrassil répondant aux échos du charmant Tullamore. Hélas! mon pauvre cœur, pourquoi t'embraserais-tu? Les lieux où je passai ma jeunesse peuvent-ils me rendre mes ravissemens? puis-je renaitre à cette douce vie d'illusion qui était mon partage quand ces échos répondirent pour la première fois à mes chants?

Alors, quoique je fusse pauvre et inconnu, le charme d'un enchantement mystérieux était jeté autour de moi. Les ondes étaient d'argent, les gouttes de rosée des perles, et la terre un Eden. J'avais entendu parler de nos bardes, et mon ame s'enflammait au souvenir de leurs vers et des accords de leur lyre. Ce n'étaient plus pour moi des fables ou des légendes; leurs récits étaient des visions claires et distinctes pour mes yeux.

A ma voix s'éveillaient les héros d'Ultonia, et ils renouvelaient la pompe sauvage de la chasse et des fêtes; l'étendard de Fingal resplendissait soudain comme l'éclat de lumière que jette le soleil à l'approche de la tempête (1). Il me semblait que la harpe d'Erin allait rivaliser avec son ancienne gloire! mais, mon pauvre cœur, pourquoi t'enflammerais-tu encore à ce souvenir? c'étaient alors des jours d'illusion qui ne reviendront plus.

Mais était-elle aussi un fantôme la jeune fille qui se tenait non loin de moi pour écouter mes chants en évitant mes regards? était-elle aussi une apparition qui m'abusait un moment pour se réunir aux rayons du soleil ou se fondre en rosée? Oh! plût au ciel que cela fût! plût au ciel que ses yeux n'eussent été qu'un rayon fugitif, et que sa voix si tendre et si mélodieuse n'eût été qu'un zéphir qui soupire et se tait.

Oh! plût au ciel que cela fût... ce pauvre cœur n'eût pas éprouvé combien il est cruel d'aimer et de quitter ce qu'on aime, de porter seul et sans secours le poids de ses soucis! Plût au ciel que cela fût! je ne dirais pas, en maudissant à mon automne des biens que je ne puis partager : — Otez-moi la gloire et mes trésors, et rendez-moi le rêve de mon printemps.

(1) Dans l'ancienne poésie irlandaise, l'étendard de Fion ou Fingal est appelé *the Sun-burst* (éclat soudain du soleil, explosion de lumière), épithète faiblement rendue par le *sun-beam* (rayon de soleil) de Macpherson.

LE MASSACRE DE GLENCOË.

(On the Massacre of Glencoe).

I.

— Oh! dis-moi, ménestrel, pourquoi tes accords de douleur résonnent-ils dans la solitude de Glencoë, où personne ne peut entendre leur mélodie? dis-moi si tu les adresses aux nuages rapides, au daim fugitif ou à l'aigle qui du haut de son aire te répond seul par ses cris.

II.

— Non, non! tous ceux que tu me nommes ont un lieu de repos : le nuage s'arrête en paix sur la cime des monts, le cerf dans son repaire et l'aigle dans son nid, où ils sont en sûreté; mais ceux pour qui ma harpe résonne n'ont pu trouver de refuge contre la trahison dans l'ombre de cette vallée profonde, sur la montagne ni parmi les bois.

III.

Leur étendard était ployé; leur tambour avait cessé de se faire entendre; les chiens mêmes du logis étaient muets, n'aboyant plus à des hôtes qui recevaient un accueil généreux de leur maître. Le joueur de cornemuse choisissait ses airs les plus gais; la jeune fille ornait ses cheveux de son plus beau ruban; la matrone abandonnait ses fuseaux pour présider aux soins du festin.

IV.

La main de celui qui s'assit à la table s'arma pendant la nuit d'un perfide acier, et en perça le sein de ses hôtes pour les récompenser de leur hospitalité. Le foyer où cette main s'était réchauffée l'arma du tison qui alluma la flamme dévorante d'un vaste incendie.

V.

Alors on entendit les cris de la mère au désespoir et de son faible enfant, qui n'excitèrent pas plus la pitié que les derniers soupirs du guerrier. Le vent glacé de l'hiver, la neige qui couvre la colline, sont moins impitoyables que les barbares assassins du sud.

VI.

Depuis long-temps ma harpe a perdu sa mélodie, ses cordes sont en petit nombre, leur son est affaibli et ne peut plus se distinguer que dans la solitude où le vieux barde traine sa misère. Ah! si mes cheveux blancs pouvaient devenir des cordes pour ma harpe, chacun d'eux ferait retentir un son d'imprécation jusqu'à ce que l'Écosse s'écriât : — Aux armes! vengeance! mort aux traîtres !

PROLOGUE

DE LA LÉGENDE ÉCOSSAISE.

TRAGÉDIE DE MISS J. BAILLIE.

(Prologue to miss Baillie's Play, of the family legend).

Il est doux d'entendre le dernier soupir de la brise d'été expirer dans les forêts déjà revêtues de la pourpre d'automne; il est doux d'entendre les sons mélancoliques d'une musique lointaine; mais il est un charme plus doux encore à écouter sur la terre étrangère les légendes de la patrie qui nous retracent tous les souvenirs chéris de notre jeunesse; tes traditions surtout, romantique Calédonie, éveillent de vives émotions dans le cœur de tes enfans, soit qu'ils travaillent sur les côtes brûlantes de l'Inde, soit qu'ils promènent le soc de la charrue sur le sol glacé de l'Acadie (1); leurs cœurs palpitent, leurs yeux se mouillent de larmes à chaque récit qui leur rappelle la terre natale! Illusions consolantes!

(1) Acadie, ou Nouvelle Écosse.

Ils revoient le vallon témoin de leurs premiers jeux, la forêt, le torrent, la tour qui menace la plaine, la pierre moussue qui couvre les cendres du héros, la chaumière sous le simple toit de laquelle les vieillards répétaient leur histoire au groupe des enfans qui interrompaient leurs jeux, et des jeunes filles qui s'arrêtaient en souriant. — L'exilé se croit de nouveau citoyen de l'Écosse.

Le vulgaire seul éprouve-t-il ces sentimens ? sont-ils inconnus à l'ame divine du poète? Non ; celle qui dans ses vers peignit si bien les passions, a aussi ressenti l'influence magique des souvenirs, et consacre aujourd'hui sa lyre à vos traditions. Vous allez en juger : tous ceux qui ont abordé à la côte sombre de Mull ont déjà entendu la légende de ce soir. Le batelier enveloppé de son plaid et appuyé sur sa rame, montre du doigt le rocher fatal au milieu de l'écume des vagues, et raconte ce que vous allez voir sur notre humble théâtre.

Que la Calédonie approuve cet hommage d'une de ses filles.

SAINT-CLOUD.

Paris, 5 septembre 1815.

I.

Une belle nuit de septembre déployait dans les cieux son voile d'azur foncé : des milliers d'étoiles brillaient sur la terrasse de Saint-Cloud.

II.

Les brises du soir soupiraient doucement comme la voix d'un amant fidèle, et semblaient gémir sur les rivages de l'aimable Saint-Cloud.

III.

On entendait dans le lointain les roulemens du tambour et les fanfares des trompettes qui rappelaient les houlans et les housards de la garnison de Saint-Cloud.

IV.

Les naïades mutilées abandonnaient l'ombrage avec effroi, et le silence avait remplacé l'harmonieux murmure de la cascade, honneur de Saint-Cloud.

V.

Nous étions assis sur ses marches de pierre, et nous ne pouvions lui reprocher ce silence, quand notre propre musique réveilla les échos de Saint-Cloud.

SAINT-CLOUD.

VI.

La Seine *à regret fugitive* en écoutait les accords, qui tombaient sur son sein aussi doucement que la rosée, après avoir traversé l'horizon de Saint-Cloud.

VII.

Jamais harmonie plus douce ne fut connue de ses ondes, quoique la musique des rois ait souvent retenti à Saint-Cloud.

VIII.

Jamais ravissement n'égala le nôtre lorsque nous nous rangeâmes en cercle autour de notre chanteuse de Saint-Cloud.

IX.

Peu d'heures de bonheur sont accordées aux mortels; soyons reconnaissans pour celles dont il nous est permis de jouir, et comptons parmi les plus heureuses les heures que nous avons passées à Saint-Cloud.

LE BARDE MOURANT,

ou

LE DERNIER CHANT DE CADWALLON;

Composé pour les Mélodies de Georges Thomson.

(The last Words of Cadwallon).

Air : *Dafydd y Garreg-wen* (1).

(La tradition galloise dit qu'un barde, sur son lit de mort, demanda sa harpe et fit entendre l'air auquel ces vers sont adaptés, en exprimant le désir qu'il fût joué à ses funérailles.)

I.

—Pleure, Dinas Emlinn, car le moment approche où tes échos muets n'existeront plus dans le bocage. Cadwallon n'ira plus rêver sur les aimables rives de Teivi et ne mariera plus ses accords au murmure sauvage des flots.

II.

Au printemps tes nobles ombrages reverdiront sans honneur, et en automne ils se flétriront de même, car bientôt seront insensibles les yeux qui les voyaient avec transport et les lèvres qui aimaient à les célébrer.

(1) David du Rocher blanc.

III.

Tes fils, Dinas Emlinn, peuvent se mettre fièrement en marche et chasser les orgueilleux Saxons des coteaux de Prestatyn; mais quelle harpe donnera la vie à leurs noms, quel barde consacrera la renommée de ces héros?

IV.

O Dinas Emlinn! tes filles sont belles, leur sein d'ivoire se soulève avec grace, et leur noire chevelure flotte en boucles charmantes; mais quel enthousiaste inspiré chantera leurs beaux yeux, quand une partie de leurs attraits aura péri avec Cadwallon?

V.

Adieu donc, flots argentés de Teivi! J'abandonne vos rives aimables pour aller joindre le triste chœur des bardes qui ne sont plus, je vais avec Lewarch, Meilor, le vieux Merlin et le sage Taliessin, former de célestes concerts.

VI.

Adieu, Dinas Emlinn! puissent tes ombrages reverdir à jamais, tes guerriers être invincibles, et tes beautés sans égales; et toi dont les faibles accens annoncent ma fin prochaine, adieu, ma harpe chérie, mon dernier trésor, adieu!

LA VIERGE DE TORO.

(The Maid of Toro).

I.

Le soleil plus pâle s'abaissait sur le beau lac de Toro, le faible murmure du vent agitait le sombre feuillage des arbres, lorsqu'une aimable vierge accablée de douleur mêla ses tristes soupirs à ceux de la brise, et ses larmes aux flots limpides : — O bienheureux, qui m'écoutez des demeures célestes ! vierge propice, qui exauces les vœux plaintifs de ceux qui te supplient, accorde ce que j'implore de toi dans mon désespoir ; rends-moi mon Henri, ou fais mourir Éléonore.

II.

Le bruit confus de la bataille se distingue à peine dans le lointain, il s'élève et meurt avec la brise, jusqu'à ce qu'enfin les acclamations, les gémissemens, le tumulte de la mêlée et les clameurs du triomphe se fassent entendre de plus près. La jeune fille jette un regard d'effroi sur la forêt ; un guerrier s'approche à pas lents ; des flots de sang marquent les traces de ses pas ; son casque était brisé, et la douleur était peinte sur son visage.

III.

—Oh! sauve-toi, belle Éléonore, car nos armées sont en fuite; oh! sauve-toi, belle Éléonore, ton défenseur a succombé : ton courageux Henri est étendu sans vie sur la bruyère, et l'ennemi arrive à travers les arbres.

A peine l'étranger put-il bégayer ces fatales nouvelles, à peine put-elle les entendre, glacée par le désespoir; bientôt le soleil s'éclipsa dans le lac de Toro, et il ne se leva plus pour le brave ni pour son amie.

HELLVELLYN.

(Au printemps de 1805, un jeune homme doué des plus heureux talens et d'un caractère aimable, s'égara et périt sur le mont Hellvellyn; ce ne fut que trois mois après qu'on découvrit ses restes, qu'on trouva gardés par une chienne fidèle, qui avait été sa compagne dans ses excursions solitaires aux déserts du Cumberland et du Westmoreland.)

I.

Je montai sur la cime de l'Hellvellyn; sous mes pas s'étendaient au loin les lacs et les montagnes; tout était paisible et silencieux, excepté par momens que le cri de l'aigle réveillait les échos surpris. A ma droite, Studen-Edge serpentait autour de Redsarn, à gauche était Calchedicam, et devant moi s'élevait une énorme roche sans nom, quand j'aperçus le lieu fatal où avait péri le malheureux égaré.

II.

Une verdure sombre marquait la place où gisait cet amant de la nature, exposé aux injures des élémens comme le cadavre d'un proscrit que les vents de la montagne défigurent peu à peu. Il n'était pas entièrement délaissé, quoique au milieu de la solitude, car, fidèle après le trépas de son maître, son chien avait défendu ses restes et repoussé le renard et le corbeau loin de lui.

III.

Combien de jours pris-tu donc son silence pour celui du sommeil! combien de fois tressaillis-tu quand le vent soulevait les plis de son vêtement! combien de semaines comptas-tu avant de voir s'anéantir sous tes yeux l'ami de ton cœur! Aucune prière n'a été prononcée sur lui, aucune mère n'a arrosé son cercueil de ses larmes, aucun ami n'a fait entendre ses regrets; toi seul, faible gardien, tu t'es étendu à son côté : le pèlerin a quitté la vie sans pompe funèbre.

IV.

Quand un prince cède à la destinée du villageois, de noires tentures tapissent les murs du palais, le cercueil est orné d'écussons d'argent, des pages se tiennent immobiles et muets auprès du drap funéraire ; les torches brillent la nuit dans les cours; les bannières flottent sous les voûtes de la chapelle; la musique sacrée résonne le long de la nef gothique, en honneur du chef du peuple.

V.

Mais il était plus convenable pour toi, amant de la nature, de reposer ta tête comme le timide agneau des montagnes quand il se laisse tomber des flancs escarpés d'une roche et rend le dernier soupir auprès de sa mère. Ah! ta couche est bien plus noble sur les rives du lac, où le pluvier chante l'hymne de tes funérailles avec un seul ami fidèle pour témoin de ta mort, entre le mont Hellvellyn et Calchedicam.

JOCK D'HAZELDEAN.

MÉLODIE ÉCOSSAISE.

(La première stance de cette ballade est ancienne ; les autres furent écrites pour l'Anthologie d'Albyn.)

I.

— Pourquoi pleurez-vous sur cette rive, jeune fille, pourquoi pleurez-vous sur cette rive ? Je veux vous unir à mon plus jeune fils, et vous serez son épouse. Oui, vous serez son épouse, jeune fille dont les yeux ont tant d'attraits !

— Mais hélas ! elle continue à laisser tomber des larmes pour Jock d'Hazeldean.

II.

— Cessez de vous livrer à cette tristesse, essuyez les larmes qui inondent vos joues pâles ; le jeune Frank est Chef d'Errington et lord du Langley-Dale ; personne n'a plus de grace que lui dans les jeux de la paix ; son épée est fameuse dans la guerre.

— Mais hélas! elle continue à laisser tomber ses larmes pour Jock d'Hazeldean.....

III.

— Vous aurez des chaînes et des tresses d'or pour nouer vos cheveux; vous aurez un ardent limier, un faucon bien dressé, un palefroi agile sur lequel vous marcherez à notre tête, comme notre reine de la chasse.

— Mais hélas! elle continue à laisser tomber ses larmes pour Jock d'Hazeldean.

IV.

Le château est orné dès le matin, l'éclat des flambeaux resplendit; le prêtre et le jeune époux attendent la fiancée, le chevalier est avec eux. On la cherche dans tous les appartemens, la fiancée ne se trouve plus! — Elle est sur la frontière, elle s'est enfuie avec Jock d'Hazeldean.

LE CHANT DE LA NOURRICE

D'UN JEUNE CHEF ÉCOSSAIS.

(𝔏ullaby of an infant 𝔊hief).

AIR : *Gadil gu lo* (1).

I.

OH! dors en paix, mon nourrisson, ton père fut un chevalier, ta mère une dame aimable et belle. Tous ces bois et ces vallons que nous voyons du haut des tours sont ton héritage, ô mon nourrisson !

O ho ro, iri ri, gadil gu lo,
O ho ro, iri ri, gadil gu lo.

II.

Ne crains pas les accens sonores du cor, ils appellent les guerriers qui veillent sur ton sommeil; leurs arcs seraient bandés, leurs glaives rougis dans le sang, avant qu'un ennemi eût mis le pied auprès de ton berceau.

O ho ro, iri ri, gadil gu lo, etc., etc.

(1) *Dors jusqu'au matin.* Ces mots, adaptés à une mélodie qui diffère de l'original, sont chantés dans le drame dont *Guy Mannering* a fourni le sujet à mon ami M. Terry.

III.

Dors en paix, mon nourrisson, le temps viendra où ton sommeil sera interrompu par les trompettes et les tambours. Dors en paix, mon enfant, repose pendant que tu le peux, car les combats arrivent avec l'âge mûr, et le réveil avec le jour.

O ho ro, iri ri, gadil gu lo,
O ho ro, iri ri, gadil gu lo.

PIBROCH DE DONALD DHU (1).

Composé pour l'Anthologie d'Albyn.

(Air d'un ancien pibroch du clan Macdonald, et qu'on suppose avoir été composé pour l'expédition de Donald-Balloch, qui, en 1431, envahit Lochaber et défit à Inverlochy les comtes de Mar et de Caithness avec une armée inférieure à la leur.)

I.

Pibroch de Donald Dhu, pibroch de Donald, fais-toi entendre de nouveau; appelle aux armes le clan Conuil. Accourez, accourez, soyez fidèles à cet appel; accourez tous en armes, nobles et vassaux.

II.

Accourez des vallons et des montagnes, la cornemuse et la bannière sont à Inverlochy : venez avec vos plaids, venez avec vos glaives, cœurs fidèles et bras robustes.

(1) Donald-le-Noir.

III.

Abandonnez les troupeaux au milieu des campagnes; laissez les morts sans sépulture, les fiancées à l'autel! Laissez le cerf et le coursier, laissez les filets et les barques, venez avec votre appareil de guerre, vos claymores et vos boucliers.

IV.

Accourez comme les vents quand les forêts sont abattues; accourez comme les vagues quand les navires sont engravés; accourez vite, toujours plus vite, Chefs, vassaux, pages et varlets.

V.

Ils accourent, ils accourent; voyez-les se rassembler. Les plumes d'aigle de leurs panaches flottent au gré des vents. Dépouillez-vous de vos plaids, tirez vos claymores, que chacun se tienne prêt au combat! Pibroch de Donald Dhu, donnez le signal de la charge.

LE SERMENT DE NORA.

(Nora's Wow).

AIR : *Cha teid mis a chaoidh* (1).

Pour l'Anthologie d'Albyn.

I.

Écoutez ce que disait Nora, beauté de nos montagnes : — Je n'épouserais point le fils du comte quand toute la race des hommes finirait et qu'il ne resterait que lui et moi dans la nature. Pour tout l'or du monde, pour tous les trésors, pour tous les domaines conquis par la valeur, je n'épouserais pas le fils du comte.

II.

— Les sermens d'une fille, dit le vieux Callum, sont prononcés légèrement et violés de même. La bruyère commence à parsemer de ses fleurs de pourpre les hauteurs de la montagne; le vent d'hiver dépouillera bientôt les coteaux et les vallons de leur riche parure; eh bien! Nora, avant que la bruyère soit flétrie, épousera peut-être le fils du comte.

(1) Je n'irai jamais avec lui.

III.

— Le cygne, disait-elle, désertera le cristal limpide du lac pour le nid de l'aigle, les flots impétueux de l'Awe retourneront à leur source; on verra tomber Ben-Cruaichain et Kilchurn s'écrouler, nos clans dans le feu d'une mêlée pourront tourner le dos à l'ennemi, avant que j'épouse le fils du comte.

IV.

Le cygne continue à faire son nid sous l'ombre du nénuphar, Ben-Cruaichain est toujours immobile sur sa base, le fleuve écumeux de l'Awe n'a point dévié de son cours rapide, aucun montagnard n'a pris la fuite pour éviter l'acier ennemi, et le cœur de Nora est séduit, elle est l'épouse du comte (1).

(1) Dans le chant montagnard qui a fourni l'idée de cette chanson, la dame fait à peu près les mêmes protestations; mais il est juste d'avouer que nous n'avons adopté cette conclusion que sur le simple soupçon que nous ont inspiré ces protestations trop solennelles.

LE
CHANT DE GUERRE DE MAC-GRÉGOR.

(Mac-Gregor Gathering).

Air : *Thain' a Gregalach* (1).

Composé pour l'Anthologie d'Albyn.

Ces vers sont adaptés à un air bizarre des Mac-Grégors. Cette ballade fait allusion au traitement sévère de ce clan, et à la proscription de son nom.

I.

La lune est sur le lac, les brouillards sur la fougère; le nom du clan ne peut se prononcer le jour : rassemblez-vous, rassemblez-vous, Mac-Grégors, rassemblez-vous, rassemblez-vous !

II.

Notre signal pour le combat, qui nous fut donné par des monarques, se fera entendre la nuit dans notre cri de vengeance : crions donc Gregalach, crions Gregalach, Gregalach, Gregalach.

(1) Le Mac-Grégor est venu.

III.

Les fières montagnes d'Orchy Coalchuirn et ses tours, Glenstrae et Glenhyon ne nous appartiennent plus ; nous sommes dépouillés, dépouillés, Gregalach, dépouillés, dépouillés.

IV.

Mais, quoique voué au trépas et proscrit par tous les seigneurs et leurs vassaux, Mac-Grégor conserve son cœur et son épée. Courage donc, courage, Gregalach, courage, courage, courage !

V.

S'ils nous ravissent notre nom et nous poursuivent avec leurs limiers, livrons leurs toits aux flammes et leurs cadavres aux aigles : vengeance donc, vengeance, vengeance, Gregalach, vengeance, vengeance, vengeance !

VI.

Tant qu'il y aura des feuilles dans les forêts et des flots dans les fleuves, Mac-Grégor fleurira en dépit d'eux. Arrive donc, Gregalach ! Arrive, Gregalach, arrive, arrive, arrive !

VII.

Le coursier fournira sa carrière dans les profondeurs du Loch-Katrine, les navires vogueront sur le sommet du Ben-Lomond, les rochers de Royston-Craig se fondront comme de la neige, avant que nos outrages soient oubliés et notre vengeance assouvie. Rassemblez-vous donc, Mac-Grégors, rassemblez-vous, rassemblez-vous.

LES LAMENTATIONS DE MACKRIMMON.

(𝔐𝔞𝔠𝔨𝔯𝔦𝔪𝔪𝔬𝔫'𝔰 𝔏𝔞𝔪𝔢𝔫𝔱.)

Air : *Cha till mi tuille* (1).

Mackrimmon, joueur de cornemuse héréditaire du laird de Macleod, composa, dit-on, ce chant lugubre la veille du départ de son clan pour une expédition lointaine et dangereuse; le ménestrel était préoccupé du pressentiment qu'il serait tué dans cette guerre. C'est à quoi font allusion ces mots en langue gallique :

> Cha till mi tuille;
> Ged thillis Macleod,
> Cha till Mackrimmon.

— Je ne reviendrai jamais; quand Macleod reviendrait, Mackrimmon ne reviendrait pas.

Sa prédiction fut vérifiée par l'événement.

Cette ballade est trop bien connue; car c'est celle que chantent les émigrans des montagnes et des îles de l'ouest quand ils s'éloignent de leur rivage natal.

I.

Le pavillon enchanté de Macleod sort des voûtes du vieux château : les rameurs sont assis sur leurs bancs; les galères sont démarées, les haches d'armes et les clay-

---

(1) Nous ne reviendrons plus.

mores étincellent, les carquois et les boucliers retentissent, pendant que Mackrimmon chante :

— Adieu, Dunvegan, pour toujours! adieu, rocher sur lequel la vague vient mourir en écumant; adieu, vallée profonde dans laquelle le cerf s'égare; adieu, Skye solitaire, lac, fleuve, montagne! Macleod peut bien revenir, mais Mackrimmon, jamais!

II.

Adieu, brillans nuages endormis sur Quillan; adieu, jeunes beautés qui pleurez sur le rivage; adieu, toutes les illusions du ménestrel, adieu pour toujours, Mackrimmon vous quitte pour ne plus vous revoir! La voix sauvage de la Banshie chante devant moi le chant de mort; le crêpe funèbre a remplacé mon manteau; mais mon cœur ne tremblera pas, je resterai inébranlable, quoique je parte pour ne plus revenir.

III.

Trop souvent le chant de tristesse de Mackrimmon sera répété par les Écossais qui s'embarquent pour l'exil! Chère patrie, adieu, rivages dont nous nous séparons à regret! Hélas! plus de retour, plus de retour!

Cha till, cha till, cha till mi tuille,
Cha till, cha till, cha till, mi tuille,
Ged thillis Macleod, cha till Mackrimmon.

Quand Macleod reviendrait, Mackrimmon ne reviendrait plus.

VERS

COMPOSÉS SUR LES MONTAGNES DE LA FORÊT D'ETTRICK,

(On Ettrick forest's mountains dun).

Ces vers furent écrits après une semaine passée à la chasse et à la pêche avec des amis.

I.

Qu'il est doux d'entendre l'explosion du salpêtre dans la forêt d'Ettrick, et de chercher le gibier de la bruyère dans la solitude à l'heure du midi ! qu'il est doux de s'égarer autour de maint rocher où les Chefs des anciens temps dorment du profond sommeil de la mort, et auprès de ces sources où les vieux bergers prétendent que les fées aiment encore à se réunir !

II.

Qu'il est doux de promener un hameçon dans les ondes argentées du Tweed, quand le saumon s'élance sur l'appât trompeur et que la ligne siffle au milieu des cercles de la rivière ! le poisson fait jaillir l'écume autour de lui et cherche à s'échapper avec le courant, jusqu'à ce que l'œil vigilant et la main prudente conduisent sur la rive la proie épuisée.

III.

Qu'il est doux pendant la nuit de guider un bateau d'un bras robuste, de brandir la lance enflammée et de la plonger tout à coup dans l'onde! les arbres et les rochers brillans de lumière éclairent au loin le fleuve, et nos compagnons sur la rive ressemblent à des génies armés de traits de flamme.

IV.

Qu'il est doux, quand vient le soir, de raconter nos bons et nos mauvais succès, soit à la table magnifique d'Alwyn (1), ou sous le toit plus modeste d'Ashesteel (2); nos récits se font à la joyeuse clarté du foyer et en vidant nos verres. Jours exempts de soucis, nuits paisibles! j'aimerai toujours le souvenir de la forêt d'Ettrick.

(1) Alwyn, résidence de lord Somerville, seigneur généreux et hospitalier, voisin et ami de l'auteur, et qui aujourd'hui n'est plus.
Walter Scott.

(2) Ashesteel était alors la demeure de sir Walter Scott.

LE SOLEIL

SUR LA COLLINE DE WEIRDLAW.

(The Sun upon the Weirdlaw-hill).

L'air de ce chant a été composé par l'éditeur de l'Anthologie d'Albyn. Les paroles furent destinées à faire partie des *Mélodies écossaises* publiées par Georges Thomson.

I.

LE soleil s'abaisse doucement sur la colline de Weirdlaw dans la vallée d'Ettrick, le vent d'ouest s'est tu : le lac dort immobile à mes pieds ; et cependant le paysage n'offre plus à mes yeux les brillantes couleurs dont il était naguère revêtu, quoique le soir dore de ses plus riches nuances les coteaux du rivage d'Ettrick.

II.

Je vois d'un œil distrait les flots argentés du Tweed serpenter dans la plaine, je contemple sans émotion les ruines sacrées du couvent de Melrose; le lac paisible, le fleuve, les tours, les bois, ne sont-ils pas ce qu'ils étaient, ou le changement n'existe-t-il qu'en moi seul?

III.

Hélas! la toile brisée peut-elle recevoir les couleurs du peintre? comment une harpe, dont les cordes sont sans harmonie, peut-elle répondre à la touche savante du ménestrel? Tous les sites perdent leur charme pour des yeux attristés, la moindre brise glace le cœur du malade, et les berceaux délicieux de l'Arabie ou d'Eden seraient arides pour moi comme cette colline sauvage.

LA FILLE D'ISLA.

(The Maid of Isla).

Composée pour les Mélodies écossaises publiées par Georges Thomson.

I.

O FILLE d'Isla, du haut de ce rocher qui menace les cieux et domine les vagues troublées, ne vois-tu pas ce petit esquif luttant contre l'Océan. Repoussé par les vents et les flots courroucés, pourquoi persiste-t-il à poursuivre sa route et à soutenir ce combat inégal! — O fille d'Isla, cet esquif cherche l'asile d'où il est parti.

II.

O fille d'Isla! observe cet oiseau de mer dont les blanches ailes se remarquent à travers le brouillard et l'écume. L'orage l'entoure de ses terreurs. Pourquoi, bravant l'obscurité des nuages et le courroux des vagues, persiste-t-il à se diriger vers ce rocher solitaire.— O fille d'Isla, c'est là qu'est son nid.

III.

Telle que les vents et la brise ligués contre cet esquif, tu te montres constamment opposée à mes vœux, et tu restes froide comme ce rocher battu par les orages où les oiseaux de mer vont reposer leurs ailes fatiguées. Mais vainement tu seras pour moi froide comme le rocher, inflexible comme les vagues, je reviendrai toujours à toi, fille d'Isla, car Allan Vourich n'espère qu'en ton amour ou dans la tombe.

L'EXCURSION SUR LES FRONTIÈRES.

Musique composée par John Whitefield, mus. doct. cam.

(The Foray).

I.

Le dernier de nos bœufs a été servi sur la table, notre dernière bouteille a rougi nos verres de sa liqueur; debout, debout, mes braves parens! ceignons nos épées et partons : il est des périls à braver, et du butin à conquérir.

II.

Il faut que ces yeux, qui naguère nous regardaient en souriant, soient tristes un moment et cherchent à distinguer du haut des tours, au milieu de la nuit et de la tempête, la crinière de nos coursiers et le balancement de nos panaches.

III.

La pluie descend, le vent souffle avec violence; la lune a voilé d'un nuage son rouge signal; tant mieux, mes amis, les gardiens de la frontière dormiront sans méfiance et ne rêveront pas de notre approche.

IV.

Nos coursiers sont impatiens; j'entends mon brave Gris-pommelé, son pied frappe la terre dans son ardeur, son hennissement exprime l'espérance. Telle que la flamme ondoyante d'un météore, sa crinière guidera votre marche à travers les ténèbres et la pluie.

v.

Le pont-levis est abaissé, la trompe a sonné; encore une santé à boire, ensuite le pied à l'étrier et partons ! à l'honneur et au repos de ceux qui resteront avec les morts; santé, bonheur à ceux qui reverront le Teviot.

LA MARCHE DES MOINES DE BANGOR,

Destinée à faire partie des Mélodies de Georges Thompson.

(The Monks of Bangor's march).

(Ethelfrid ou Olfrid, roi de Northumberland, ayant assiégé Chester en 613, et Brachmael, prince breton, s'étant avancé pour secourir cette ville, les religieux du monastère voisin de Bangor firent une procession pour implorer la protection du ciel en faveur de leurs concitoyens; mais les Bretons ayant été complètement défaits, les vainqueurs païens passèrent les moines au fil de l'épée, et détruisirent leur monastère. L'air auquel ces vers sont adaptés est appelé *la Marche des moines*, et l'on suppose qu'il fut joué pendant leur fatale procession.)

I.

QUAND la trompette païenne retentit autour des murs assiégés de Chester, les nonnes voilées, les moines gris sortent en long cortège de la belle abbaye de Bangor; leur antienne se fait entendre, l'écho du vallon de Cestria répond à leur hymne pieux.

O miserere, Domine!

II.

La procession s'avance. Une auréole d'or entoure leurs croix, et la Vierge-Mère sourit dans leur bannière paisible. Qui aurait pu croire que cette troupe sainte fût destinée à périr par des mains sacrilèges? tel fut le décret divin.

O miserere, Domine!

III.

Ces religieux, qui ne chantaient que de saintes messes, et dont les mains n'agitaient que l'encensoir, aperçurent les lances et les arcs du nord, et entendirent le sauvage cri de guerre : Malheur au faible bras de Brachmael! malheur au glaive sanglant d'Olfrid! malheur à la cruauté saxonne!

O miserere, Domine!

IV.

Étendus au milieu des cadavres des guerriers foulés par les coursiers à la crinière sanglante, égorgés par le fer païen, les moines paisibles de Bangor sont déposés dans le tombeau : mots d'adieu sans réponse, point d'adieu, plus de messe, plus d'hospitalité! Disons par charité pour leurs ames :

O miserere, Domine!

V.

Bangor, après le silence de la mort, tes murs dirent encore long-temps ton histoire, tes tours ruinées, tes voûtes écrasées, rappelèrent long-temps la marche funèbre (1). Aucun flambeau ne brûle sur tes autels, jamais tes religieux ne reparaîtront, le pèlerin soupire, et chante pour eux :

O miserere, Domine!

---

(1) William de Malmesbury dit que de son temps les ruines de l'abbaye existaient encore, et portaient les traces du massacre.

Tot semiruti parietes ecclesiarum, tot anfractus porticum, tanta turba ruderum, quantùm vix alibi cernas.

ÉPITAPHE DE MISTRESS ERSKINE.

(Epitaph of mistress Erskine).

Qu'une tombe simple comme la dignité naturelle s'élève pour celle que nous avons perdue. Que le marbre soit blanc et sans tache, emblème de sa beauté et de son ame pure; mais quel symbole pourrait représenter la douceur, l'esprit, la sagesse de celle que nous avons tant chérie? Quelle sculpture rappellera les liens brisés qui attachèrent tant de cœurs à la mère, l'épouse et l'amie? Pourrons-nous, Euphémie, graver sur le marbre tous les titres par lesquels ton urne réclame nos larmes? Instruits par ta résignation à souffrir avec patience et à voir l'espérance au-delà du tombeau, nous graverons seulement ces vers consacrés à ta mémoire, et courts comme les jours qui furent ton partage ici-bas.

ADIEU A MACKENSIE,

NOBLE CHEF DE KINTAIL.

(Farewell to Mackenzie, high chief of Kintail).

(Ces vers sont adaptés à un air écossais de la plus belle harmonie, et du genre des *Jorams* ou chansons de bateaux, avec quelque différence pourtant. Ils furent composés par un ancien barde pour le départ du comte de Seaforth, obligé de se réfugier en Espagne après avoir tenté une insurrection malheureuse en faveur de la famille de Stuart en 1718.)

I.

Adieu, Mackenneth, comte du Nord, seigneur du Loch-Carron, de Glenshiel et Seaforth; adieu, le Chef qui est parti ce matin lançant son navire sur les vagues comme un cygne. Il a mis à la voile pour une terre lointaine! Adieu, Mackensie, noble Chef de Kintail!

II.

Que son navire soit agile et son équipage déterminé, que son capitaine soit habile et ses matelots fidèles, intrépides, infatigables, quelque orage qui s'élève, et malgré les vagues révoltées de l'Océan. J'ai pris le repas d'adieu sur le tillac du vaisseau; adieu Mackensie, noble Chef de Kintail!

III.

Réveille-toi, brise du sud, souffle doucement sur sa voile comme les soupirs de ses vassaux, dure autant que leurs regrets, sois constante comme leur loyauté, fidèle comme leur douleur. Brise propice, sois toujours douce, constante et fidèle pour conduire Mackensie, noble Chef de Kintail.

IV.

Que son pilote soit expérimenté et prudent pour sonder les flots et étudier les cieux; qu'il fasse hisser toutes les voiles; mais qu'il les déploie surtout, s'il le ramène sur nos rivages, jusqu'à ce que les rochers de Skourouna et l'aimable vallée de Conan saluent Mackensie, noble Chef de Kintail.

Suite et imitation de la chanson précédente, par sir Walter Scott.

I.

Ainsi chantait le vieux barde dans le chagrin de son cœur quand il vit son seigneur chéri quitter son peuple! Aujourd'hui, ô Albyn, on n'entend plus sur tes montagnes ni la voix ni la harpe du barde; ou ses cordes ne vibrent plus que par le contact des vents d'hiver, comme si elles gémissaient d'elles-mêmes pour Mackensie, dernier Chef de Kintail.

II.

Un ménestrel arriva des frontières lointaines du Sud, et il attendait que quelque barde du Nord promenât sa main savante sur la harpe antique pour en mêler les accords sauvages au murmure des vents; mais aucun Chef n'était resté dans la terre du Nord pour gémir sur Mackensie, dernier Chef de Kintail.

ADIEU A MACKENSIE.

III.

Et dormiras-tu donc, s'écria le ménestrel, comme l'homme sans nom, inconnu à la gloire ? Non, fils de Fitz-Gerald, le chant que tu aimais résonnera sur ton cercueil en accens de douleur, et fera redire à l'écho des montagnes l'hymne funèbre pour Mackensie, dernier Chef de Kintail.

IV.

En vain la destinée, jalouse de tes nobles qualités, rendit ton oreille insensible et enchaîna ta langue, aucun obstacle ne peut s'opposer à l'éclat rayonnant du génie ! Quel est celui de la terre du Saxon et de celle du Gaël qui pourrait rivaliser avec Mackensie, dernier Chef de Kintail ?

V.

Tes fils croissaient autour de toi, héritiers de tes talens et de ton amour, espoir d'un père, orgueil de tes amis. — Mais pourquoi dire ici tes chagrins ? Ils périrent au printemps de leur vie si riche en promesses; de la race de Fitz-Gerald il ne reste pas un enfant mâle, pour porter le glorieux nom de Kintail.

VI.

Et toi, aimable dame, chargée malgré ta douleur de tous les soins d'un Chef, et que six lunes ont vue frappée de six coups successifs ; toi, privée d'un époux, d'un père et de tes frères, qu'il est cruel pour ton cœur de t'entendre saluer l'héritière de la race de Kintail.

CHANSON.

IMITATION DE THOMAS MOORE (1).

(𝔖𝔬𝔫𝔤).

I.

Oh! ne dis pas, ma bien-aimée, avec cet air confus, qu'avec ton printemps s'est enfui le temps de tes plaisirs ; ne me dis pas de m'adresser à de plus jeunes beautés pour obtenir ces ravissemens que tu peux encore donner.

II.

Si avril couronne ses temples de la première verdure de la vigne, c'est août qui mûrit pour nous la grappe dont la liqueur toute-puissante vivifie l'univers.

III.

Quoique ta taille, qui fut élancée et légère comme celle d'une fée, se soit peu à peu arrondie, et que ton regard, alors brillant comme celui de l'aigle, soit aujourd'hui plus sérieux,

IV.

C'est assez qu'après une longue absence tes pas se meuvent vers moi avec transport ; c'est assez que tes regards moins vifs conservent pour moi le tendre langage de l'amour.

(1) Auteur de *Lalla Rouhk*.

CHANSON

POUR LA RÉUNION ANNUELLE DU PITT-CLUB D'ÉCOSSE (1).

(Song on the anniversary meeting of the Pitt-Club of Scotland).

I.

Terrible était le temps, et plus terribles les présages quand les braves furent égorgés à Marengo, et que voyant la grande Europe terrassée par son ennemi, Pitt, dans sa douleur, ferma la carte de son empire! Mais le destin de la grande Europe ne put faire plier le courage de Pitt jusqu'à lui faire accepter pour son pays la sécurité de la honte. Maintenant donc que l'Europe triomphe, souvenez-vous des mérites de Pitt, et videz avec respect le verre qui s'emplit à son nom.

II.

Quand le laboureur trace son sillon, les brouillards de l'hiver et ses froides pluies peuvent mouiller son front; il peut labourer péniblement et semer avec tristesse, soupirant de la crainte de semer en vain; il peut mourir avant que ses enfans moissonnent dans la joie. Mais la famille des moissonneurs se rappellera son père; interrompant son allégresse pour vider avec une respectueuse tristesse le verre rempli à son nom.

(1) Voyez sur ce club la notice historique sur l'auteur. Toute cette pièce politique a pour commentaire la *Vie de Napoléon*, mais avec moins de poésie tory. — ÉD.

III.

Quoique Pitt ait consumé sa vie dans des soins anticipés et dans des travaux incertains pour le pays sauvé par ses soins; quoiqu'il soit mort avant qu'un rayon eût lui sur les nations pour éclairer, même passagèrement, la longue nuit du doute et du désespoir; la Grande-Bretagne, au jour de sa riche moisson de gloire, se souviendra des orages qu'il brava dans l'hiver moral de notre patrie, et elle videra avec respect le verre rempli en son nom.

IV.

N'oubliez pas non plus la tête blanchie de CELUI qui, dans les ténèbres de l'affliction, est sourd au récit de nos victoires et au bruit le plus doux pour l'affection paternelle, les acclamations de son peuple saluant ce fils chéri. N'oubliez pas ses droits acquis par son inaltérable fermeté dans la bonne ou mauvaise fortune, et par son long règne de vertus. Au tribut de reconnaissance que nous payons à Pitt joignons la louange de son maître, quoiqu'une larme se mêle dans le verre rempli à son nom.

V.

Mais remplissez de nouveau le verre; changeons cet air de tristesse, après les hommages sacramentels de notre douleur et de notre gratitude; vidons-le à notre prince, à nos héros, à la sagesse qui préside les conseils, au dévouement qui exécute les ordres. Remplissez le verre de Wellington jusqu'à ce qu'il soit brillant comme sa gloire; n'oubliez pas nos braves Écossais Galhouzie et Grœme. Dans mille ans d'ici les cœurs bondiront au récit de leurs exploits; et sera vidé respectueusement le verre rempli à leurs noms.

CHANSON

A l'occasion de la bannière de la maison de Buccleugh, qui fut portée à une grande partie de ballon.

(Song on the lifting of the Banner, etc.).

1.

Du faîte noirci de Newark, notre signal fait briller au loin ses plis flottans du milieu de la flamme et de la vapeur. Chaque joyeux forestier, descendant de sa montagne, bondit d'un pas léger sur la bruyère pour venir joindre la partie.

CHOEUR.

Levez donc la bannière, que les vents des forêts l'agitent; elle a brillé sur Ettrick il y a huit siècles et plus. Nous la suivrons dans ses jeux, nous la défendrons dans le combat, de bon cœur et vaillamment, comme avant nous faisaient nos pères.

II.

Quand l'envahisseur anglais répandait sur ses pas le désordre et le ravage, la vue de ces croissans (1) le firent s'arrêter et reculer; car autour de cette bannière étaient réunis l'orgueil du Border, la fleur de la forêt d'Ettrick, les bandes de Buccleugh.

Chœur. Levez donc, etc.

(1) Armes des Scotts, dont les Buccleugh sont la première famille. — Éd.

III.

La faible main d'un enfant l'a portée à notre fête ; ce n'est pas une main armée de gantelet qui la tient ; ce ne sont point des lames qui l'entourent : mais avant qu'un audacieux ennemi l'eût attaquée ou insultée, mille cœurs fidèles auraient cessé de battre.

Chœur. Levez donc, etc.

IV.

Nous oublions les dissensions civiles ; nous saluons comme frères Home, Douglas et Car : Elliot et Pringle sont invités à nos jeux, bienvenus dans la paix comme leurs pères dans la guerre.

Chœur. Levez donc, etc.

V.

Allons donc, braves garçons, et courage, quoique la saison soit dure ; et si par hasard vous tombiez, il est dans la vie pires choses qu'une culbute sur la bruyère, et la vie elle-même est un jeu de ballon.

Chœur. Levez-vous, etc.

VI.

Après la partie nous boirons un rouge-bord à la santé des lairds et des dames témoins de notre lutte, à tous ceux qui ont pris part à nos plaisirs, à ceux qui ont perdu, à ceux qui ont gagné.

Chœur. Levez donc, etc.

VII.

Puisse la forêt être toujours florissante, soit dans le bourg, soit dans les campagnes, dans les châteaux du parc comme au coin du feu de la chaumière ; et houzza! mes braves, pour Buccleugh et son étendard, pour le roi et le pays, le duc et son clan.

Chœur. Levez donc, etc.

EPILOGUE

DE LA COMÉDIE INTITULÉE L'APPEL.

(Prononcé par MM. Siddons.)

(Epilogue to the Appeal, etc.).

I.

Jadis une chatte (ou le vieil Ésope a menti) fut changée en une jeune et jolie femme; mais apercevant une souris le jour même de ses noces, elle oublia son mari et sauta sur sa proie. C'est ainsi que dans la pièce mon fiancé le légiste m'a plantée là pour s'emparer de mon père : relâchant le lien mystique de l'hymen autour de son cou, il a serré le vrai nœud autour du cou de mon père. Tels sont les fruits de nos travaux dramatiques : depuis que la nouvelle prison est devenue notre passion (1) tous les cœurs sont changés; car dans le temps de mon père les légistes étaient les patrons du théâtre. Quoique bien montés depuis, voilà les bancs (*montrant le parterre*) qui reçurent les premiers le poids de leurs corps; c'est nous qui les premiers avons vu le sage inter-

(1) Les allusions de cette pièce sont purement locales. Depuis que la *Tolbooth* n'existe plus, les nouvelles prisons (avec des tours) sont sur le Calton-Hill, près du théâtre. — Éd.

prête des lois prononcer la sentence sans perruque, et plaider sans salaire (1).

II.

Mais maintenant voici que pour étourdir chaque lutin mimique, au lieu des légistes vient la loi elle-même; voisin redoutable, c'est à notre droite qu'elle élève ses tours et creuse ses canaux; tandis qu'à gauche elle agite la ville avec la terrible question de *abattez* ou relevez (2).

III.

C'est ainsi que nous nous trouvons entre Sylla et Carybde, entre le terme final de *la loi* et les incertitudes de *la loi*. Mais doucement, qui vit à Rome doit flatter le pape; les prisons et les procès ne sont pas matière à rire. Ainsi — adieu; nous attendrons avec un grave respect que votre plaisir ou votre censure nous *fasse la loi*, espérant en nos humbles efforts et en votre indulgence, nous vous reconnaissons pour notre cour et notre conseil, notre juge et notre jury.

(1) M. Jeffery a essayé de plaider sans perruque; mais l'ancienne mode a prévalu. — Éd.

(2) A cette époque le public d'Édimbourg était très-agité par un procès entre les magistrats et les habitans de la cité, sur certaines maisons du North-Bridge, que les bourgeois voulaient faire abattre comme nuisant à la régularité du coup d'œil. — Éd.

LA RÉSOLUTION.

CHANSON IMITÉE D'UN VIEUX POEME ANGLAIS.

(The Resolve, etc.).

I.

Il faut que j'expose nécessairement ma destinée bizarre, quoique ce soit au moins inutile : j'aimai, je fus payé de retour, et tout cela n'était qu'un songe; de même que je fis facilement la conquête du cœur de ma belle, de même sa flamme fut bientôt éteinte. Je renonce au feu de l'amour, je vivrai seul.

II.

Aucune belle ne séduira ma pensée par ses mots flatteurs, ses gestes gracieux, ses regards et son sourire : je n'appellerai plus les blessures de l'amour des blessures heureuses, je ne me brûlerai plus à sa flamme : j'aime mieux vivre seul.

III.

Je défierai l'amour de me surprendre en se cachant dans le sourire de la beauté ; et je regarderai les yeux d'une femme comme aussi trompeurs que ses sermens. Je ferai peu de cas d'un cœur qui se donne trop aisément. Je protègerai mon sein par une cuirasse d'acier j'apprendrai à vivre seul.

IV.

La torche a bientôt cessé de répandre sa clarté; le diamant conserve ses rayons; la flamme lance en un moment tout son éclat, le diamant cache le sien. Je croyais posséder une pierre précieuse; mais puisqu'il faut se résoudre à la montrer à tous les yeux, j'aime mieux vivre seul dans les ténèbres.

V.

Aucune rêverie n'abusera ma pensée par de vaines couleurs; aucun filet de soie ne me prendra plus; je ne chercherai plus l'esprit chez une autre, je me contenterai du mien; aucune passion ne le troublera; j'aime mieux vivre seul.

VI.

C'est ainsi que je rendrai le calme à mon cœur, en lui disant : Toutes tes peines d'amour sont finies, tu ne seras plus heureux pour être plus malheureux ensuite. La colombe veuve meurt sans chercher d'autre compagne; le phénix est seul de son espèce, et ne songe jamais à l'amour. Je veux l'imiter : je préfère vivre seul.

ADIEUX DE M. KEMBLE

AU THÉATRE D'ÉDIMBOURG.

(M. Kemble's farewell adress, etc.).

Tel que le coursier fatigué qui, entendant le son de la trompette, relève sa crinière, hennit, frappe la terre d'un pied impatient, dédaigne le repos que son maître généreux lui accorde, et brûle de se précipiter dans les rangs ennemis ; de même, en entendant vos applaudissemens, je puis à peine supporter l'idée que voici l'heure de vous dire adieu, et que ces applaudissemens sont les derniers que recevra un acteur prêt à quitter la scène pour toujours. Pourquoi me séparer de vous tant qu'il me reste quelques moyens de vous plaire encore ? Le zèle ne peut-il suppléer aux forces de la jeunesse, et le sentiment de mes devoirs enflammer mes yeux languissans : les outrages des années ne peuvent-ils être bravés par l'ardeur de ma reconnaissance ? non, la lampe qui va s'éteindre peut bien, par intervalles, jeter un éclat passager, mais elle ne peut se renouveler ni durer long-temps ; le zèle et la reconnaissance ne peuvent lutter que quelques instans contre les glaces de l'âge. Oui, il serait peu convenable, me souvenant de ce que je fus, d'épuiser votre patience et de prendre comme une aumône les louanges qui m'étaient dues autrefois, jusqu'à ce que j'entendisse dire à la jeunesse moqueuse : Est-ce donc là l'homme qui charmait nos pères ? Attendrai-je que le mépris, affectant le faux-semblant de la compassion, m'avertisse de ne plus charger la scène d'un acteur inutile? Cela ne peut être, et d'ailleurs des devoirs plus graves exigent de moi que je mette quelque intervalle entre le théâtre et la tombe; comme ce Romain mourant au Capitole, il faut que j'ajuste mon manteau avant de tomber; l'acte si court de ma vie a été tout entier offert au public, je dois au moins me réserver la dernière scène.

Adieu donc, pendant qu'un reste de talent peut encore fixer dans vos cœurs votre ancien favori, et le sauver d'un oubli complet même quand vous verrez des acteurs plus jeunes et plus habiles. Si vos cœurs reconnaissent généreusement cette dette de souvenir, pourrais-je oublier, moi, pourrais-je oublier combien de fois je suis venu ici ému d'une espérance inquiète, et combien de fois enfin cette faible main a agité, au milieu de votre cercle, la baguette magique de l'immortel Shakespeare, jusqu'à ce que l'inspiration se soit réveillée en moi et vous ait fait sentir sa noble flamme.

Tant que sa mémoire vivra, le souvenir de ces heures subsistera, et je vous en devrai tout le charme.

O terre favorisée du ciel, renommée par les arts et la gloire, par le talent de tes citoyens et les attraits de tes femmes ! ah ! si ce cœur trop plein de son émotion pouvait ranimer ma verve, que de bénédictions j'appellerais sur toi! Mais ma dernière scène est terminée, mon heure est venue où même vos louanges ne peuvent plus qu'être bégayées par mes lèvres. Tout ce que je puis vous dire, ô mes amis et mes protecteurs, c'est : ADIEU!

LE FÉROCE CHASSEUR.

(The wild Huntsman).

AVANT-PROPOS.

Le poëme suivant est une imitation du Wilde-Jeïger du poète allemand Bürger. La tradition sur laquelle il est fondé nous apprend que jadis un wildgrave ou gardien des forêts royales, nommé Falkenburg, était si adonné au plaisir de la chasse, et surtout si dissolu et si cruel, qu'il ne se livrait à ce profane amusement que le dimanche ou les autres jours consacrés aux devoirs religieux, et qu'il se permettait l'oppression la plus inouïe sur les paysans ses vassaux. Quand ce second Nembrod mourut, le peuple adopta une superstition qu'ont fait naître probablement les divers bruits entendus au fond d'une forêt de la Germanie pendant le silence de la nuit. On croit reconnaître les cris de la meute du wildgrave défunt, sa voix bien connue, le galop de son cheval et le bruissement des branches que cause la poursuite du gibier par les chiens et les chasseurs ; mais les fantômes sont rarement visibles.

Une fois un chasseur surpris par la nuit entendit le

bruit de cette chasse, et il ne put s'empêcher de se joindre à la voix du spectre inaperçu en s'écriant comme lui : *Gluck zu*, *Falkenburg !* Bonne chasse, Falkenbourg ! Me souhaites-tu bonne chasse? répondit une voix rauque; tu partageras le gibier; et il tomba à ses pieds une énorme pièce de venaison corrompue. L'audacieux chasseur perdit bientôt après deux de ses meilleurs chevaux, et ne se rétablit jamais entièrement de la peur que lui causa cette apparition.

Ce conte, malgré les diverses versions que l'on en a fait, est généralement un article de foi en Allemagne.

Les Français avaient une tradition analogue touchant un chasseur aérien qui infestait la forêt de Fontainebleau. Il était quelquefois visible et apparaissait comme un chasseur hideux entouré de chiens. On peut trouver quelques détails sur ce fantôme dans les *Mémoires de Sully*, qui dit qu'on l'appelait le *grand veneur*. Un jour il vint chasser si près du palais, que les officiers et Sully lui-même, si je ne me trompe, descendirent dans la cour, croyant que c'était le roi qui revenait de la chasse. Ce fantôme est ailleurs appelé saint Hubert.

Cette superstition semble avoir été répandue partout, et dans le *choix des poëmes descriptifs écossais*, on trouve une belle description d'une chasse analogue entendue dans les forêts du Ross-Shire.

Un miracle posthume du père Lesly, capucin écossais, eut lieu sur une colline où retentissaient les cris d'une meute invisible. Depuis qu'on y eut déposé ses saintes reliques le bruit cessa. Le lecteur trouvera ce miracle avec d'autres dans la Vie du père Bonaventure, écrite en italien très-élégant.

LE FÉROCE CHASSEUR.

I.

Le wildgrave sonne de son cor de chasse; à cheval! à cheval! hallali! hallali! Son ardent coursier aspire dans ses larges naseaux l'haleine du matin, et ses nombreux vassaux suivent leur seigneur.

II.

La meute découplée s'élance pleine d'ardeur à travers buissons, fougères et taillis. Les limiers, les cors et les coursiers se répondent; ils font tressaillir la montagne et réveillent l'écho.

III.

Les rayons du saint jour du Seigneur avaient doré la flèche du clocher rustique; la voix lente et solennelle de l'airain appelait l'homme pécheur à la prière.

IV.

Mais le wildgrave galope toujours en avant; il répète : — Hallali! hallali! Allons, courage! — lorsque arrivant de deux côtés opposés deux cavaliers étrangers viennent joindre la troupe.

V.

Quels sont ces étrangers qui se placent l'un à sa droite, l'autre à sa gauche? Je le devine, mais je n'oserais le dire. Le coursier du premier était blanc de neige, et celui du second noir comme l'enfer.

VI.

Le cavalier de droite était jeune et beau; son sourire rappelait le matin du mois de mai. Le cavalier de gauche lançait de son œil sombre la flamme livide d'un éclair nocturne.

VII.

Le wildgrave agita en l'air sa toque de chasse en s'écriant : — Soyez le bienvenu, noble étranger. Quel plaisir sur terre, sur mer, ou dans le ciel, pourrait rivaliser avec la chasse royale ?

VIII.

— Cesse de faire retentir ton cor sonore, cria le beau jeune homme à la voix séduisante; cesse ce bruit profane pour te joindre au chœur pieux des fidèles.

IX.

Renonce pour aujourd'hui à cette chasse fatale; la cloche t'appelle au temple. Écoute aujourd'hui l'esprit qui t'avertit; demain tu peux éprouver de tardifs regrets.

X.

— En avant, et parcours le vallon, reprit le noir chasseur à la voix rude. Laisse aux moines leurs matines, leurs cloches, leurs missels et leurs mystères.

XI.

Le wildgrave pique son ardent coursier de l'éperon, et, s'élançant, s'écrie : — Quel est celui qui, pour écouter tes sermons ennuyeux, voudrait abandonner le cor et la meute joyeuse ?

XII.

Va-t'en, si nos jeux héroïques te déplaisent, va-t'en chanter et prier avec d'imbéciles dévots. Tu as bien parlé, toi, mon ami au teint basané. Hallali! hallali! et en avant!

LE FÉROCE CHASSEUR.

XIII.

Le wildgrave presse la vitesse de son léger coursier à travers les plaines, les landes, les coteaux et les vallons; à sa droite et à sa gauche les deux étrangers ne cessent de le suivre.

XIV.

D'un taillis fourré s'élance un cerf plus blanc que la neige des montagnes; le wildgrave fait retentir son cor plus éclatant que jamais, et répète : — En avant! en avant! hallali! hallali!

XV.

Un pauvre imprudent a traversé le sentier; il est étendu expirant sous les pieds du coursier; mais qu'il vive ou qu'il meure, n'importe : En avant! en avant! La chasse continue.

XVI.

Voyez dans l'enceinte de cette simple haie un champ que l'automne enrichit de ses trésors; voyez prosterné aux pieds du wildgrave un laboureur bruni par le travail.

XVII.

— Merci, merci! noble seigneur, épargnez la ressource du pauvre, s'écrie-t-il; épargnez ce qu'ont acquis les gouttes de sueur dont ce front fut inondé aux heures brûlantes de juin.

XVIII.

L'étranger de la droite intercède avec instance, l'autre excite le wildgrave à poursuivre sa proie. Le comte furieux n'écoute rien, et se précipite avec ardeur sur les traces du cerf.

XIX.

— Retire-toi, vassal misérable, ou crains les coups retentissans du fouet! A ces mots, le cor fait entendre ses bruyantes fanfares; et en avant ! en avant ! hallali ! hallali !

XX.

Aussi prompt que sa menace, il franchit d'un bond l'humble haie du laboureur; après lui se précipitent hommes, chevaux et meute, tels qu'un ouragan de décembre.

XXI.

Hommes, chevaux et meute ravagent le champ du malheureux, tandis que, triomphante sur les débris de la récolte, la hideuse famine sourit à cette troupe furieuse.

XXII.

Lancé de nouveau, le cerf timide fuit à travers les plaines, les prairies, les coteaux et les vallons : poursuivi de près, il sent ses forces défaillir, et a recours à la ruse pour sauver sa vie.

XXIII.

La solitude lui paraît trop dangereuse; il se rapproche des habitations pour y chercher un abri, et il espère cacher sa tête au milieu d'un troupeau domestique.

XXIV.

Mais à travers les plaines, les prairies, les coteaux, les vallons, les limiers suivent sa piste; et à travers les plaines et les prairies le comte furieux s'acharne sur ses traces.

XXV.

Le berger se jette à ses pieds : — Épargnez, noble baron, lui dit-il, épargnez ce troupeau, seule ressource d'une veuve; épargnez ces agneaux, seule richesse d'un orphelin.

XXVI.

L'étranger de droite intercède avec instance, l'autre excite le wildgrave à atteindre sa proie; le wildgrave est sourd à la prière et à la pitié, et, furieux, il refuse de s'arrêter.

XXVII.

— Vil vassal, dit-il, tes misérables lamentations ne sauraient troubler ma chasse, quand des ames semblables à la tienne habiteraient les corps de ces troupeaux.

XXVIII.

Il sonne encore du cor : — En avant! en avant! hallali! hallali! et dans son impitoyable orgueil il excite les limiers furieux à se précipiter sur le troupeau.

XXIX.

Les victimes égorgées tombent en monceaux, et avec elles tombe le berger sanglant; les cris des meurtriers épouvantent le cerf, il part, et la peur lui rend sa vigueur et sa vitesse.

XXX.

Souillé de sang et d'écume il verse des larmes de détresse, et va chercher dans l'obscurité de la forêt la sainte cellule d'un pauvre ermite.

XXXI.

Hommes, chevaux, le serrent de près, encouragés par le cor. La sainte chapelle retentit des cris : En avant! en avant! et de hallali! hallali!

XXXII.

Doux et timide au milieu de cette troupe profane, le pieux ermite la supplie : — Craignez, dit-il, de souiller de sang la maison de Dieu; révérez son autel; retirez-vous.

XXXIII.

La dernière des créatures a des droits à la compassion : si la cruauté ou l'orgueil les dédaigne, la vengeance gronde sur la tête de l'homme inexorable : rendez-vous à mes prières, et retirez-vous.

XXXIV.

Un des étrangers intercède encore avec anxiété; l'autre, par ses cris et ses gestes, dévoue la proie à la mort. Hélas! le comte n'écoute rien, aucune barrière ne l'arrête.

XXXV.

— Que je fasse bien ou mal, que ton autel soit sacré ou non, je méprise ton autel et ton culte. L'hymne religieux des saints martyrs; que dis-je? Dieu lui-même ne me ferait point retirer.

XXXVI.

Il presse de l'éperon les flancs de son cheval, il sonne du cor, il crie : — En avant! en avant! hallali! mais soudain sur les ailes d'un ouragan disparaissent le cerf, la chapelle et l'ermite.

XXXVII.

Il ne voit plus ni coursier, ni cavaliers, ni meute; il n'entend plus ni le cor ni les clameurs de la chasse; au bruit des chevaux, aux cris des chiens, aux sons du cor succède un morne silence.

XXXVIII.

Le comte effrayé jette autour de lui des regards effarés; il cherche en vain à réveiller son cor, il veut en vain crier, aucun son ne peut être articulé par ses lèvres.

XXXIX.

Il écoute : aucun aboiement lointain ne lui annonce

ses chiens fidèles. Son coursier a pris racine sur le sol, et reçoit, immobile, les coups poignans de l'éperon.

XL.

Les ombres cependant s'épaississent, et sont bientôt aussi profondes que celles de la tombe; aucun son ne frappe son oreille, excepté le bruit d'un torrent lointain.

XLI.

Ce silence solennel se rompit enfin sur la tête humiliée du pécheur, et des flancs rougeâtres d'un nuage sortit comme la foudre une effrayante voix :

XLII.

— Oppresseur de l'univers créé, instrument endurci des esprits apostats ! ennemi de Dieu ! fléau du pauvre ! la mesure de ta coupe est remplie.

XLIII.

A ton tour, sois à jamais chassé dans ces bois, fuis à jamais dans cette solitude effrayante, et que ton sort apprenne à l'orgueilleux que la dernière des créatures est l'œuvre du Très-Haut.

XLIV.

La voix s'est tue ; un livide éclair illumine la forêt d'une flamme jaunâtre ; les cheveux du wildgrave se hérissent sur sa tête, et l'horreur glace ses membres.

XLV.

Une froide sueur découle de tout son corps, un vent d'orage commence à siffler; et avec un bruit toujours croissant la tempête accourt sur ses ailes.

XLVI.

La terre a entendu le signal. Ses entrailles se déchirent ; de ses crevasses béantes, au bruit de mille cris, au milieu d'un tourbillon de flammes sulfureuses, sortent les limiers hideux de l'enfer.

XLVII.

Quel est-il cet effrayant chasseur qui les suit? — Je le devine, mais je n'ose le dire; son œil brille comme l'éclair nocturne, son coursier a la noire couleur de l'enfer.

XLVIII.

Le wildgrave fuit à travers broussailles et buissons, poussant les cris du désespoir; sur ses traces s'élancent la meute et le chasseur : en avant! en avant! hallali! hallali!

XLIX.

Tournant la tête, il aperçoit avec angoisse la troupe furieuse sur le point de l'atteindre avec ses dents sanglantes, et dans le trouble de l'effroi il continue sa fuite.

L.

A jamais durera cette chasse horrible, jusqu'à ce que le temps lui-même finisse; pendant le jour elle a lieu dans les cavernes de la terre, à l'heure enchantée de minuit elle recommence sur sa surface.

LI.

Voilà le cor, la meute et le coursier qu'entend souvent ce laboureur surpris par la nuit; épouvanté, il fait le signe de la croix en écoutant ces étranges sons.

LII.

Le prêtre veillant pour prier laisse souvent tomber une larme sur l'orgueil de l'homme et ses malheurs, quand à l'heure de minuit il entend le cri infernal de hallali! hallali!

FIN DU FÉROCE CHASSEUR.

LE NOBLE MORINGER.

(The noble Moringer).

AVANT-PROPOS.

Sir Walter Scott nous apprend que la légende sur laquelle est fondée cette ballade a rapport à un incident qui, non-seulement en Germanie, mais dans toutes les contrées de l'Europe, a dû arriver plutôt cent fois qu'une, du temps que les croisés guerroyaient pendant de longues années en Palestine, et laissaient leurs dames inconsolables sans aucune nouvelle de leur sort. Une histoire à peu près semblable, mais sans l'intervention de saint Thomas, est racontée d'un des anciens seigneurs du château de Haigh dans le comté de Lancastre, héritage patrimonial de la dernière comtesse de Balcaras; les détails en sont représentés sur un des vitraux de cet antique manoir.

LE NOBLE MORINGER,

ANCIENNE BALLADE ALLEMANDE

DU QUINZIÈME SIÈCLE.

1.

Je veux raconter l'ancienne histoire d'un chevalier de Bohême, celle du noble Moringer. Uni à une dame aussi fraîche que le beau mois de mai, il reposait auprès d'elle dans la couche nuptiale, lorsque soudain il lui dit : — Noble dame de mon cœur, écoute bien mes paroles.

II.

J'ai fait le vœu d'un pèlerinage à une chapelle lointaine. Je suis obligé d'aller chercher la patrie de saint Thomas et de laisser la mienne. Tu resteras ici avec tous les honneurs de notre rang; jure-moi seulement sur ta foi que tu attendras mon retour pendant sept ans et un jour.

III.

Triste et les larmes aux yeux, la noble dame répondit : — Apprends-moi, chevalier, quels sont tes ordres pendant ton absence ? Qui commandera tes vassaux ? Qui gouvernera dans tes domaines, et qui sera le fidèle gardien de ta dame quand tu seras loin d'elle ?

IV.

Le noble Moringer repartit : — N'aie aucun souci de tout cela ; il est maint vaillant gentilhomme qui dépend de mes bienfaits ; le plus fidèle gouvernera mes domaines et mes vassaux ; il sera le gardien éprouvé de mon aimable compagne.

V.

Comme chrétien, je suis forcé d'observer le vœu qui me lie ; quand je serai loin, sous les climats étrangers, souviens-toi de ton chevalier sincère. Cesse, ma douce amie, de t'affliger, ta douleur serait vaine ; permets à ton Moringer de partir, puisque Dieu a reçu son vœu.

VI.

Le noble Moringer s'arrache de son lit, descend, et rencontre son chambellan avec l'aiguière et son manteau bordé d'une riche fourrure : il jette son manteau sur ses épaules, lave ses mains dans l'eau froide, et y baigne son front.

VII.

— Or, écoute-moi, sire chambellan, dit-il ensuite ; tu es un vassal fidèle, et telle est ma confiance en ta vertu éprouvée, que, pendant sept ans, tu gouverneras dans mes tours, tu guideras mes vassaux au combat, et je remets en tes mains la foi de ma dame jusqu'à mon retour.

VIII.

Le chambellan était franc et sans détour; il répondit brusquement : — Demeurez, monseigneur, gouvernez chez vous et recevez de moi cet avis : la fidélité de la femme est fragile. — Sept ans, avez-vous dit; je ne répondrais pas sept jours de la foi d'aucune dame.

IX.

Le noble baron se détourne et s'éloigne avec un cœur plein de souci; son brave écuyer le rencontre près de là. Il était l'héritier de Marstetten, c'est à lui que Moringer s'adresse avec anxiété :—Fidèle écuyer, consens-tu, lui dit-il, à recevoir de moi cet important dépôt pendant que je passerai les mers.

X.

Consens-tu à veiller sur mon château, à protéger mes domaines, à conduire mes vassaux à la chasse et à la guerre, à engager ton honneur pour la foi de ma dame pendant sept ans, et à la garder comme notre sainte Vierge fut gardée par le bienheureux saint Jean.

XI.

L'héritier de Marstetten était franc, généreux, mais vif, ardent et jeune; il répondit sans hésiter et avec trop de présomption :—Mon noble seigneur, bannissez tout souci, faites votre voyage, et fiez-vous à mes soins jusqu'au terme de votre pèlerinage.

XII.

Comptez sur mon serment et mon honneur que j'engage pour garder vos domaines, défendre vos tours et aller à cheval avec vos vassaux; quant à votre aimable dame, si vertueuse et si chérie, je parie ma tête que son amour pour vous n'éprouvera aucun changement, vous absenteriez-vous pendant trente années.

XIII.

Le noble Moringer reprit courage en l'entendant parler ainsi. L'inquiétude fut bannie de son sombre front et la tristesse de ses traits; il dit à tous un long adieu, mit à la voile, et il erra dans la terre de saint Thomas pendant sept années et un jour.

XIV.

Le noble Moringer dormait dans un jardin lorsqu'un songe prophétique vint agiter ses sens assoupis; une voix lui dit à l'oreille : — Il est temps, seigneur baron, de te réveiller. Un autre va posséder ta dame et ton héritage.

XV.

Une autre bannière est arborée sur ta tour ; un bras étranger guide les rênes de tes coursiers, et ta vaillante troupe de vassaux fléchit sous une nouvelle autorité. Elle aussi, ta dame bien-aimée, jadis si fidèle et si tendre, va, cette nuit, dans le château de son père épouser l'héritier de Marstetten.

XVI.

Le noble Moringer s'éveille en sursaut et s'arrache la barbe. — Oh! que ne suis-je jamais né! s'écrie-t-il, que viens-je d'entendre? Perdre ma seigneurie et mes domaines, ce serait pour moi un faible souci, mais Dieu! qu'un infidèle écuyer épouse ma belle dame!

XVII.

O bon saint Thomas, écoute-moi, je te prie : tu es mon patron ! un traître me dépouille de mes domaines pendant que j'accomplis mon vœu; il couvre d'infamie mon épouse, naguère si pure, et moi je suis dans une terre étrangère où il me faut subir cette honte.

LE NOBLE MORINGER.

XVIII.

Ce fut le bon saint Thomas qui exauça la prière de son pèlerin, et qui lui envoya un sommeil si profond qu'il absorba tous les soucis du chevalier : il se réveilla dans la belle terre de Bohème, sur le bord d'une petite rivière ; à sa droite était un château élevé, à la gauche un moulin.

XIX.

Moringer tressaille comme s'il était délivré d'un enchantement ; étourdi de surprise et de joie, il porte autour de lui ses regards : — Je reconnais, dit-il, les antiques tours de mon père, le moulin et la rivière. Béni soit le bon patron qui a écouté la prière de son triste pèlerin.

XX.

Il s'appuie sur son bourdon et s'avance vers le moulin ; ses traits sont si altérés qu'aucun de ses vassaux ne reconnaît son maître. Le baron dit au meunier : — Mon bon ami, par charité, apprenez à un pauvre pèlerin bohémien ce qui se passe ici.

XXI.

Le meunier répond : — Je n'ai rien à vous apprendre, si ce n'est que la dame de ces domaines va choisir un nouvel époux ; son premier est mort dans une terre lointaine. C'est ce que chacun dit, du moins ; sa mort nous afflige tous ; c'était un bon seigneur.

XXII.

C'est de lui que je tiens ce petit moulin qui me fait vivre. Que la paix soit dans la tombe avec le baron ; il fut toujours généreux pour moi ; quand viendra la Saint-Martin, et que les meuniers prendront leur péage, le prêtre qui priera pour Moringer recevra une chape et une étole.

XXIII.

Le noble Moringer commence à gravir le coteau. Bientôt, l'air triste et fatigué, il est près de la porte. — Venez, dit-il, à mon secours, ô vous saints habitans du ciel, qui êtes sensibles à la pitié, faites-moi avoir accès dans mon château pour rompre ce funeste mariage.

XXIV.

Il frappe à la porte, qui rend un son triste; il appelle : sa voix a un accent douloureux et lent, car le chagrin affaisse son cœur, sa tête, sa voix et sa main. Le gouverneur du château se présente. Moringer lui dit : — Ami, allez apprendre à votre dame qu'un pèlerin venu de la terre de saint Thomas demande un jour d'hospitalité.

XXV.

J'ai fait une longue route, mes forces sont presque épuisées; si elle me ferme sa porte je ne verrai pas le soleil de demain. Je demande la couche et l'aumône du pèlerin, au nom de saint Thomas, et pour l'ame de Moringer son époux jadis bien-aimé.

XXVI.

Le gouverneur va trouver sa dame et lui dit : — Un pèlerin épuisé de fatigue est à la porte du château; il demande l'hospitalité, et le don des pèlerins au nom de saint Thomas, et pour l'ame de Moringer votre noble époux.

XXVII.

Le tendre cœur de la dame fut ému, — Ouvrez la porte, répondit-elle; que le pèlerin soit le bienvenu au banquet et au lit qu'il demande; et puisqu'il invoque le nom de mon époux, il aura s'il veut la permission d'habiter ce château pendant un an et un jour.

XXVIII.

Le gouverneur ouvre la porte, le noble Moringer en a franchi le seuil : — Je te rends graces, ciel compatissant, dit-il, puisque, tout pécheur que je suis, tu as fait rentrer dans son château le véritable seigneur.

XXIX.

Alors le noble Moringer entre dans la grand'salle d'un pas lent et mélancolique. Il est chagrin de voir que personne ne semble le reconnaître ; il s'assied sur un banc, accablé de douleur ; il n'y reste qu'un temps très-court, qui lui parait un siècle.

XXX.

Le jour baisse, le banquet est terminé, l'heure approche où les nouveaux époux se rendront au lit nuptial.
— La coutume de ce château, dit un des compagnons du fiancé, veut qu'aucun hôte ne reste parmi nous, à moins qu'il ne chante une chanson.

XXXI.

Le jeune époux, assis auprès de sa dame, prend la parole : — Mes braves ménestrels, dit-il, laissez vos harpes ; notre hôte pèlerin doit chanter pour se conformer à l'ancienne coutume, et je le récompenserai de sa complaisance avec un beau vêtement et avec de l'or.

XXXII.

Le pèlerin obéit.
— Les chants du vieillard glacé par les années ne respirent que la tristesse ; ni l'or ni les vêtemens qu'on lui promet ne sauraient inspirer sa voix. Il fut un temps, joyeux fiancé, qu'assis à une table aussi riche que la tienne, j'avais à mon côté une épouse dont les

charmes étaient aussi doux que ceux que tu vas posséder.

XXXIII.

Mais le temps a gravé ses rides sur mon front; il a blanchi ma tête; au lieu de mes cheveux bouclés et du teint fleuri de mon visage, il m'a laissé ces traits flétris et cette barbe grise; jadis riche, aujourd'hui pauvre pèlerin, je suis à la fin du voyage de la vie, et je mêle à vos chants d'hyménée celui de la triste vieillesse.

XXXIV.

La noble dame écoute ce lai mélancolique, et ses larmes coulent sur les malheurs du vieux pèlerin. Elle dit à son échanson de prendre une coupe d'or et de la porter au pauvre vieillard, afin qu'il la vide pour l'amour d'elle.

XXXV.

Le noble Moringer laissa tomber au milieu du vin un anneau nuptial des plus riches et des plus brillans; ô vous, qui m'écoutez, je vous apprends que c'était le même anneau qu'il avait reçu de sa dame le jour de leur mariage.

XXXVI.

Il dit ensuite à l'échanson: — Rends-moi un service, et si mes jours heureux reviennent, tu recevras une riche récompense; rapporte cette coupe à cette fiancée si belle, et réclame de sa courtoisie qu'elle daigne boire au vieux pèlerin.

XXXVII.

L'échanson était affable; il ne lui refusa rien. Il reprend la coupe d'or et la porte à la fiancée.

— Madame, dit-il, votre hôte vénérable vous renvoie cette coupe, et réclame de votre courtoisie que vous daigniez boire au vieux pèlerin.

XXXVIII.

L'anneau a frappé les yeux de la dame; elle le regarde de plus près; et soudain on l'entend s'écrier : — Le noble Moringer est ici? Vous l'auriez vue alors s'élancer de son siège toute baignée de larmes. Pleurait-elle de joie ou de regret? c'est aux dames à nous le dire.

XXXIX.

Mais sa bouche du moins exprime des actions de graces, et remercie tous les saints qui ont ramené le noble Moringer avant l'heure de minuit. Elle s'écrie avec serment que jamais épouse ne fut aussi fidèle qu'elle, que jamais épouse ne fut aussi cruellement éprouvée.

XL.

— Oui, dit-elle, je réclame ici la louange due aux épouses fidèles qui conservent sans reproche la foi qu'elles ont jurée; comptez et recomptez cent fois; — si vous comptez bien, sept ans et un jour seront écoulés, quand l'heure de minuit sonnera.

XLI.

Alors Marstetten se lève et tire son épée du fourreau, puis il va s'agenouiller devant Moringer, et jette son glaive à terre: — J'ai trahi mon serment et ma foi de chevalier, dit-il, prends donc, mon souverain, l'épée de ton vassal, et fais tomber sa tête.

XLII.

Le noble Moringer sourit, et répond : — Il acquiert quelque sagesse celui qui a voyagé sept ans et un jour. Ma fille a aujourd'hui ses quinze printemps. On la dit aimable et belle; je te la donne au lieu de la fiancée que tu perds, et je la reconnais pour mon héritière.

XLIII.

Que le jeune fiancé accepte la jeune épouse, le pèlerin reprend la sienne qui a tenu sa parole jusqu'au dernier moment. Mais graces soient rendues au bon gouverneur du château qui m'a ouvert la porte; car si je n'étais venu que demain, je venais un jour trop tard.

FIN DU NOBLE MORINGER.

ADIEU A LA MUSE.

I.

ENCHANTERESSE; adieu! toi qui m'as souvent fait errer à l'heure du crépuscule à travers les taillis, où le garde forestier était surpris de me voir contempler les lieux sauvages qu'il laissait pour se rendre sous son humble masure. Adieu! emporte avec toi tes accens harmonieux, tour à tour l'expression de la joie et de la douleur : oh! un amant privé de ce qu'il aime peut seul juger de la peine que je ressens de notre séparation.

II.

Tu doublais pour moi tous les plaisirs, et quand le chagrin ou le regret venaient obscurcir le sentier de la vie, quelle voix pouvait comme la tienne chanter les plaisirs du lendemain et me faire oublier la tristesse du jour? Mais, quand nos amis sont rayés du nombre des vivans, tu ne peux plus, reine de la mélodie, adoucir nos chagrins ni nous abuser sur le changement graduel de ceux qui restent sujets aux langueurs de la souffrance et aux glaces de l'âge.

III.

C'est toi qui jadis, dans de tristes accords, m'appris à chanter un guerrier étendu mourant sur la plaine, pendant qu'une jeune fille penchée sur lui approchait vainement de ses lèvres le casque rempli d'une onde pure (1). C'est vainement aussi que tu offres tes enchantemens à un barde quand le règne de l'imagination est terminé pour lui, et qu'un sommeil apathique commence d'engourdir ses sens. Adieu donc, enchanteresse : adieu ! je ne te reverrai plus.

(1) Marmion.

FIN DU TOME HUITIÈME.

TABLE DES MATIÈRES

RENFERMÉES DANS LES TOMES IV, V, VI, VII ET VIII.

TOME IV. — BALLADES, ETC.

	Page
Glenfinlas, ou le Coronach de lord Ronald	5
Notes	16
La Veille de la Saint-Jean	19
Notes	28
Le Château de Cadyow	31
Notes	44
Le Moine de Saint-Benoît	47
Notes	58
Le Roi du Feu	59

THOMAS LE RIMEUR.

Introduction à la première partie	69
Première partie	77
Introduction à la seconde partie	81
Seconde partie	89
Introduction à la troisième partie	93
Troisième partie	95
Notes	102

PRÉCIS DE L'HISTOIRE DE SIR TRISTREM.

Chant Ier	105

TABLE DES MATIÈRES.

	Pages
Chant II.	113
Chant III.	125
Conclusion.	136

LE LAI DU DERNIER MÉNESTREL,
Poëme en six chants.

Avertissement.	143
Introduction.	145
Chant Ier.	149
Chant II.	161
Chant III.	175
Chant IV.	187
Chant V.	205
Chant VI.	221
Notes.	239

TOME V.

MARMION, OU LA BATAILLE DE FLODDEN-FIELD,
Poëme en six chants.

Avertissement.	5
Introduction au chant Ier.	7
Chant Ier. Le Château.	17
Introduction au chant II.	33
Chant II. Le Couvent.	41
Introduction au chant III.	59
Chant III. L'Hôtellerie.	67
Introduction au chant IV.	85
Chant IV. Le Camp.	93
Introduction au chant V.	111
Chant V. La Cour.	117
Introduction au chant VI.	145

TABLE DES MATIÈRES.

Chant VI. La Bataille.................... 152
Notes................................. 187
LA RECHERCHE DU BONHEUR............... 209

TOME VI.

LA DAME DU LAC, POEME EN SIX CHANTS.

Chant Ier. La Chasse..................... 3
Chant II. L'Ile......................... 25
Chant III. La Croix de feu............... 51
Chant IV. La Prophétie................. 75
Chant V. Le Combat.................... 103
Chant VI. Le Corps-de-garde............ 129
Notes................................. 155

HAROLD L'INDOMPTABLE, POEME EN SIX CHANTS.

Introduction........................... 185
Chant Ier............................... 189
Chant II............................... 201
Chant III.............................. 213
Chant IV............................... 223
Chant V................................ 235
Chant VI............................... 245

TOME VII.

ROKEBY, POEME EN SIX CHANTS.

Avertissement.......................... 1
Chant Ier............................... 3
Chant II............................... 25
Chant III.............................. 45
Chant IV............................... 69
Chant V................................ 93

TABLE DES MATIÈRES.

	Pages
Chant VI	123
Notes	151

LES FIANÇAILLES DE TRIERMAIN, OU LA VALLÉE DE SAINT-JEAN, CONTE D'UN AMANT.

Introduction	165
Chant Ier	171
Chant II	183
Introduction	205
Chant III	209
Conclusion	230
Notes	232

TOME VIII.

LE LORD DES ILES, POEME EN SIX CHANTS.

Avertissement	4
Chant Ier	5
Chant II	23
Chant III	41
Chant IV	61
Chant V	81
Chant VI	105
Conclusion	128
Notes	129

LA VISION DE DON RODRIGUE.

Préface	141
Introduction	145
La Vision de don Rodrigue	151
Conclusion	172
Notes	179
LE CHAMP DE BATAILLE DE WATERLOO	183

TABLE DES MATIERES.

MÉLANGES POÉTIQUES.

	Pages
La Danse de la Mort	199
Le Braconnier	203
Le Pèlerin	209
La Vierge de Neidpath	211
L'absence de Williams	213
Chanson de chasse	215
La Violette	216
A une Dame	217
Le Chant du Barde	218
Épitaphe	221
Le retour à Ulster	222
Le massacre de Glencoë	224
Prologue de la Légende de famille	226
Saint-Cloud	228
Le Barde mourant	230
La Vierge de Toro	232
Hellvellyn	234
Jock d'Hazeldean	236
Le Chant de la nourrice d'un jeune Chef écossais	238
Pibroch de Donald Dhu	240
Le serment de Nora	242
Le Chant de guerre de Mac-Grégor	244
Les Lamentations de Mackrimmon	246
Vers composés sur les montagnes de la forêt d'Ettrick	248
Le Soleil sur la colline de Weirdlaw	250
La fille d'Isla	252
L'Excursion sur les frontières	254
La Marche des moines de Bangor	256
Epitaphe de mistress Erskine	258
Adieu à Mackensie, etc.	259

TABLE DES MATIÈRES.

Pages

Chanson. Imitation du style de Thomas Moore.... 262
Chanson pour la réunion annuelle du Pitt-Club d'Écosse................................. 263
Chanson à l'occasion de la bannière de Buccleuch. 265
Épilogue de la comédie intitulée : l'Appel......... 267
La Résolution................................. 269
Adieux de M. Kemble au théâtre d'Édimbourg.... 271
Le féroce Chasseur............................ 273
Le noble Moringer............................. 283
Adieu à la Muse............................... 293

N. B. La vignette du titre de ce volume se rattache au *Lord des Iles*. Elle représente la tour d'Artornish.

FIN DE LA TABLE DES TOMES IV, V, VI, VII ET VIII.

ŒUVRES COMPLÈTES
DE
SIR WALTER SCOTT.

Cette édition sera précédée d'une notice historique et littéraire sur l'auteur et ses écrits. Elle formera soixante-douze volumes in-dix-huit, imprimés en caractères neufs de la fonderie de Firmin Didot, sur papier jésus vélin superfin satiné; ornés de 72 *gravures en taille-douce* d'après les dessins d'Alex. Desenne, de 72 *vues* ou *vignettes* d'après les dessins de Finden, Heath, Westall, Alfred et Tony Johannot, etc., exécutées par les meilleurs artistes français et anglais; de 30 *cartes géographiques* destinées spécialement à chaque ouvrage; d'une *carte générale de l'Écosse*, et d'un *fac-simile* d'une lettre de Sir Walter Scott, adressée à M. Defauconpret, traducteur de ses œuvres.

CONDITIONS DE LA SOUSCRIPTION.

Les 72 volumes in-18 paraîtront par livraisons de 3 volumes de mois en mois; chaque volume sera orné d'une *gravure en taille-douce* et d'un titre gravé, avec une *vue* ou *vignette*, et chaque livraison sera accompagnée d'une ou deux *cartes géographiques*.

Les *planches* seront réunies en un cahier séparé formant atlas.

Le prix de la livraison, pour les souscripteurs, est de 12 fr. et de 25 fr. avec les gravures avant la lettre.

Depuis la publication de la 3e livraison, les prix sont portés à 15 fr. et à 30 fr.

ON NE PAIE RIEN D'AVANCE.

Pour être souscripteur il suffit de se faire inscrire à Paris

Chez les Éditeurs :

| A. SAUTELET ET Cⁿ, LIBRAIRES, Place de la Bourse. | CHARLES GOSSELIN, LIBRAIRE DE S. A. R. M. LE DUC DE BORDEAUX, Rue St.-Germain-des-Prés, n. 9. |

www.ingramcontent.com/pod-product-compliance
Lightning Source LLC
Chambersburg PA
CBHW071249160426
43196CB00009B/1219